プリント形式のリアル過去問で本番の臨場感！

山口県 県立

下関中等教育学校
高森みどり中学校

2025 年 ✿ 春 受験用

解 答 集

本書は，実物をなるべくそのままに，プリント形式で年度ごとに収録しています。
問題用紙を教科別に分けて使うことができるので，本番さながらの演習ができます。

■ 収録内容

・解答集（この冊子です）

　　書籍ＩＤ番号，この問題集の使い方，最新年度実物データ，リアル過去問の活用，
　　解答例と解説，ご使用にあたってのお願い・ご注意，お問い合わせ

・2024（令和６）年度 ～ 2020（令和２）年度　学力検査問題

JN131751

○は収録あり	年度	'24	'23	'22	'21	'20
■ 問題(記述式の課題1・2)		○	○	○	○	○
■ 解答用紙		○	○	○	○	○
■ 配点						

全分野に解説
があります

注)問題文等非掲載:2024年度記述式の課題1の問題1, 2023年度記述
式の課題1の問題1, 2022年度記述式の課題1の問題1

問題文の非掲載につきまして

　著作権上の都合により，本書に収録して
いる過去入試問題の本文の一部を掲載して
おりません。ご不便をおかけし，誠に申し
訳ございません。

教英出版

■ 書籍ID番号

入試に役立つダウンロード付録や学校情報などを随時更新して掲載しています。
教英出版ウェブサイトの「ご購入者様のページ」画面で，書籍ID番号を入力してご利用ください。

書籍ID番号 **101235**

（有効期限：2025年9月30日まで）

【入試に役立つダウンロード付録】
「要点のまとめ(国語／算数)」
「課題作文演習」ほか

■ この問題集の使い方

年度ごとにプリント形式で収録しています。針を外して教科ごとに分けて使用します。①片側，②中央
のどちらかでとじてありますので，下図を参考に，問題用紙と解答用紙に分けて準備をしましょう（解答
用紙がない場合もあります）。

針を外すときは，けがをしないように十分注意してください。また，針を外すと紛失しやすくなります
ので気をつけましょう。

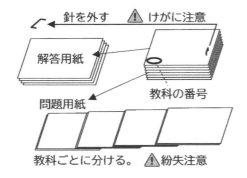

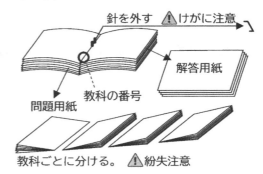

※教科数が上図と異なる場合があります。
　解答用紙がない場合や，問題と一体になっている場合があります。
　教科の番号は，教科ごとに分けるときの参考にしてください。

■ 最新年度 実物データ

実物をなるべくそのままに編集していますが，収録の都合上，実際の試験問題とは異なる場合があります。実物のサイズ，様式は右表で確認してください。

問題用紙	A3両面プリント
解答用紙	A3片面プリント

リアル過去問の活用

~リアル過去問なら入試本番で力を発揮することができる~

✿ 本番を体験しよう！

問題用紙の形式（縦向き/横向き），問題の配置や余白など，実物に近い紙面構成なので本番の臨場感が味わえます。まずはパラパラとめくって眺めてみてください。「これが志望校の入試問題なんだ！」と思えば入試に向けて気持ちが高まることでしょう。

✿ 入試を知ろう！

同じ教科の過去数年分の問題紙面を並べて，見比べてみましょう。

① 問題の量

毎年同じ大問数か，年によって違うのか，また全体の問題量はどのくらいか知っておきましょう。どのくらいのスピードで解けば時間内に終わるのか，大問ひとつにかけられる時間を計算してみましょう。

② 出題分野

よく出題されている分野とそうでない分野を見つけましょう。同じような問題が過去にも出題されていることに気がつくはずです。

③ 出題順序

得意な分野が毎年同じ大問番号で出題されていると分かれば，本番で取りこぼさないように先回りして解答することができるでしょう。

④ 解答方法

記述式か選択式か（マークシートか），見ておきましょう。記述式なら，単位まで書く必要があるかどうか，文字数はどのくらいかなど，細かいところまでチェックしておきましょう。計算過程を書く必要があるかどうかも重要です。

⑤ 問題の難易度

必ず正解したい基本問題，条件や指示の読み間違いといったケアレスミスに気をつけたい問題，後回しにしたほうがいい問題などをチェックしておきましょう。

✿ 問題を解こう！

志望校の入試傾向をつかんだら，問題を何度も解いていきましょう。ほかにも問題文の独特な言いまわしや，その学校独自の答え方を発見できることもあるでしょう。オリンピックや環境問題など，話題になった出来事を毎年出題する学校だと分かれば，日頃のニュースの見かたも変わってきます。

こうして志望校の入試傾向を知り対策を立てることこそが，過去問を解く最大の理由なのです。

✿ 実力を知ろう！

過去問を解くにあたって，得点はそれほど重要ではありません。大切なのは，志望校の過去問演習を通して，苦手な教科，苦手な分野を知ることです。苦手な教科，分野が分かったら，教科書や参考書に戻って重点的に学習する時間をつくりましょう。今の自分の実力を知れば，入試本番までの勉強の道すじが見えてきます。

✿ 試験に慣れよう！

入試では時間配分も重要です。本番で時間が足りなくなってあわてないように，リアル過去問で実戦演習をして，時間配分や出題パターンに慣れておきましょう。教科ごとに気持ちを切り替える練習もしておきましょう。

✿ 心を整えよう！

入試は誰でも緊張するものです。入試前日になったら，演習をやり尽くしたリアル過去問の表紙を眺めてみましょう。問題の内容を見る必要はもうありません。どんな形式だったかな？受験番号や氏名はどこに書くのかな？…ほんの少し見ておくだけでも，志望校の入試に向けて心の準備が整うことでしょう。

そして入試本番では，見慣れた問題紙面が緊張した心を落ち着かせてくれるはずです。

※まれに入試形式を変更する学校もありますが，条件はほかの受験生も同じです。心を整えてあせらずに問題に取りかかりましょう。

《解答例》

問題1 (1)エ　(2)①ウ　②B．すばらしい成果が出る　C．長い時間努力し続ける　(3)イ　(4)ウ　(5)私は将来、ツアーコンダクターになって、海外でお客さんを案内したい。【本②の一部】には「長い時間がかかって、ついにりっぱな実がなるんだ」とある。まずは毎日英語を勉強して、自由に話せるようになりたい。

問題2 (1)①ウ　②相手国との関係や相手国の状況によって輸入量が変動し，日本国内で供給量が不足する　③B．米　C．野菜　D．肉類　④イ　(2)①働く人数の減少や働く人の高齢化が進んでいる。②パン…カ　にんじん…イ　とり肉…キ　③食品ロスが増えると，先進国への食料のかたよりが深刻化して発展途上国に十分に食料が配分されず，栄養不足に苦しむ人が増えることにつながる。また，食料を処分する際に温室効果ガスが発生するため，地球温暖化の進行にもつながる。私たちにできることは，料理を作りすぎないようにして食べ残しをなくしたり，お店で販売期限が過ぎて捨てられる食品をなくすために，買い物の際に消費期限や賞味期限が近いものを優先的に買ったりすることである。

《解　説》

問題1

著作権上の都合により文章を掲載しておりませんので，解説も掲載しておりません。ご不便をおかけし，誠に申し訳ございません。

問題2

(1)①　ウ　ア．誤り。米の自給率は上昇している。イ．誤り。自給率がどちらも60％をこえているのは，6品目のうち，米，野菜，牛乳・乳製品の3品目である。エ．誤り。自給率の差が最も大きいのは，野菜ではなく魚介類である。自給率の差は，米：99－95＝4　小麦：28－15＝13　野菜：100－79＝21　魚介類：100－54＝46　牛乳・乳製品：86－62＝24，大豆：11－6＝5である。　②　1か国のみからの輸入に頼ってしまうと，相手国と良好な関係が築けなくなった時に輸出が禁止されたり，戦争・紛争や不作などによって，相手国の生産量が減少して輸出量が減少したりすると，日本国内では品不足となる。　③　B．C．1965年における，日本人の1人1日あたりの消費量は米が306ｇ，野菜が296ｇで圧倒的に多いことが読み取れる。米の消費量は2022年になると139ｇとなり，1965年の2分の1以下になっている。D．肉類の消費量は，1965年が24ｇ，2022年が93ｇであり，4倍程度に増えている。　④　日本の食料自給率が低下した理由としては，食の多様化以外にも，輸入の自由化により，国内であまり生産されていない果実の消費が増えたことや，漁業の衰退により，外国産の安い魚介類が多く輸入されるようになったことなど，さまざまな理由が考えられる。

(2)①　第一次産業の農林水産業では，後継者不足が問題となっていて，働く人数の減少や高齢化が進んでいる。

②　ア「たまねぎ」，イ「にんじん」，ウ「じゃがいも」，エ「キャベツ」，オ「ぶた肉」，カ「パン」，キ「とり肉」

③　日本の食品ロスの量は，年間523万ｔほどであり，これは日本人1人あたりが毎日お茶わん1杯分の食べ物を捨てているのに近い量である。食品ロスを減らすために最も身近に取り組めることは，「買いすぎない」「作りすぎない」「残さない」である。また，解答例では，販売期限が近い，商品棚の手前にある商品を積極的に選ぶ「てまえどり」の取り組みも盛り込んだ。食品ロスを減らす取り組みとしては他にも，安全に食べられるのに包装の破そんや過剰在庫などの理由で流通に出すことができない食品を，必要としている人に無償で提供する「フードバンク」などがある。

《解答例》

問題1 (1)小学生…5　大人…4　(2)①24　※②10　(3)マイクロバス…3　ワゴン車…4　(4)343

(5)①75　※②スーパーマーケットB　(6)ア．24　イ．26

問題2 (1)①右図　②ア，エ，オ　③豆電球に比べて，豆電球型発光ダイオードの方が，電気を熱に変える割合が小さいから，より少ない電気で同じくらいの明るさにできる仕組みになっている。

(2)①水蒸気　②冷えて水になった。　③試験管から出た水蒸気は冷えて水になって，ビーカーにたまる。　(3)①晴れ　②ア→ウ→イ　理由…雲が西から東へ動くから。

【豆電球の断面図】

電気を通さないところ

※の求め方は解説を参照してください。

《解　説》

問題1

(1) 小学生と中学生と大人を同じ人数ずつ分けるので，人数の比は90：18：72＝5：1：4になる。

5＋1＋4＝10だから，1グループには小学生を5人，中学生を1人，大人を4人とすればよい。

(2)① おにぎりの決め方は3通りあり，その3通りそれぞれに対してスープの決め方が2通り，飲み物の決め方が4通りある。よって，選び方は全部で3×2×4＝24(通り)ある。

② シートBの面積はシートAの面積の(3.6×4.5)÷(1.8×3.6)＝2.5(倍)だから，シートBはたたみ4×2.5＝10(枚分)である。

(3) マイクロバスで送り届ける回数，残りの人数，ワゴン車で送り届ける人数を表にまとめると，右のようになる。ただし，1人1席ずつ空席

マイクロバス(回)	0	1	2	3	4
残りの人数(人)	108	84	60	36	12
ワゴン車(回)	12			4	

のないように座るので，残りの人数がワゴン車に乗れる人数の9人の倍数にならないときは条件に合わない。

表より，移動時間が最も短くなるのはマイクロバスで3回，ワゴン車で4回送り届けるときである。

(4) ふたのない立方体の入れ物を作るには，右図のように厚紙を切り取ればよい。

立方体の1辺の長さは21÷3＝7(cm)となるから，容積は7×7×7＝343(cm³)である。

(5)① 4人分のカレーを作るのに必要なじゃがいもの個数は$1\frac{1}{2}$個＝$\frac{3}{2}$個だから，200人分のカレーを作るには，じゃがいもが$\frac{3}{2}×\frac{200}{4}$＝75(個)必要である。

② スーパーマーケットAで買う場合，1kg＝1000gあたり150×10＝1500(円)で，ここから50円値引きされるから，1kgあたり1500－50＝1450(円)となる。よって，12kg買うと1450×12＝17400(円)になる。

スーパーマーケットBで買う場合，1kgあたり180×10＝1800(円)で，12kg買うと合計金額から2割引きされるから，1800×12×(1－0.2)＝17280(円)になる。

したがって，スーパーマーケットBで注文した。

(6) 話し合いから読み取れる内容を表3に書きこむと，右のようになる。非常用の持ち出しぶくろを準備している人と，準備していない人の人数の比は1：2だから，ア＝$72×\frac{1}{1+2}$＝24(人)である。

よって，非常用の持ち出しぶくろを準備している人のうち，避難す

表3　アンケート結果　　　　　(単位：人)

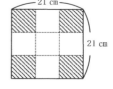

		避難する場所		合　計
		決めている人	決めていない人	
非常用の持ち出しぶくろ	準備している人	12	ウ	**ア**
	準備していない人		イ	ア×2
合　計			38	72

る場所を決めていない人は，ウ＝24－12＝12（人）だから，

イ＝38－12＝26（人）である。

問題2

(1)① 図1からもわかるように，かん電池につないだ導線を豆電球のねじの部分と下のでっぱり部分につなぐと明かりがつくから，豆電球のフィラメント（光る部分）につながる2つの線が，それぞれ豆電球のねじの部分と下のでっぱり部分につながっていればよい。 ② 金属は電気を通す。

(2) ふっとうして出てきた気体は，水（液体）が水蒸気（気体）に変わったものである。水蒸気は冷えると再び水にもどる。なお，図3の実験で初めにガラス管の先から出てきたあわは，試験管の中にあった空気と考えられる。

(3)① 雲がほとんどないので，晴れであったと考えられる。

《解答例》

問題1　(1)ア．シャカシャカと／マラカスみたいに／音たてて／母さんいつも／米とぎワルツ

イ．ａ．算数がわからない　ｂ．うまくいったな　ｃ．感覚にうったえかける　ウ．①，③　(2)Ｃ

(3)言葉…ラストの５秒　理由…残りの秒数を具体的な数字で示すことで，今自分がとんでいるような臨場感ときん張感が出せるから。　(4)Ａ，Ｃ　(5)友だちと仲良く話す昼休みチャイムなるまで笑顔がたえず

問題2　(1)①カタールの気温は１年を通して10℃近く高く，特に夏は危険な暑さとなるからだね　②Ｂ　③カタールの小学校では，日曜日に学校がある。／カタールの小学校では，児童はたいてい13時に帰宅して，家で昼食を食べる。　などから１つ　(2)①ア．輸入　イ．輸出　ウ．10　②Ａ，Ｄ　③国民のさまざまな意見を反映しながら，立法権が集中することを防ぎ，審議や決定をより慎重に行えること。　(3)(例文)自分はよくそばを食べるときにすすりますが，先日，多くの外国では，食べ物を食べるときにすするのはマナー違反であるということを知りました。自分にとっては何でもないことでも，違う文化や考え方を持つ人の気分を害してしまうことがあるのだと思いました。この経験から，世界の人々とよい関係をつくるために，世界には文化，宗教，住む地域や気候など，異なるものがたくさんあることを理解し，それらを尊重することを大切にしたいです。

《解　説》

問題1

(1)　著作権上の都合により短歌を掲載しておりませんので，解説も掲載しておりません。ご不便をおかけし，誠に申し訳ございません。

(2)　「楽しいこと」というテーマで浮かんだ「長なわ遊び」という一つの事がらについて，そこから連想した考えや物事をつなげているので，Ｃが適する。

(3)　「心通じる」を選んだ場合は「感じたこと」，「ラストの５秒」の場合は「数字」，「アスリートみたい」の場合は，「例え」を選ぶと書きやすい。【短歌の表現のよさについての交流】に「感じたことを『うれしい』などの気持ちを表す言葉ではなく，自分らしい言葉で表しているのがよいと思います」「『二秒』という具体的な数字を使って，様子を表現していますね。その場の臨場感が伝わってくる表現だと思いました」「例えを使うと，風景や様子を印象的に伝えることができると思います」とあるのを参考にまとめる。また，【かおるさんのメモ】に，「心通じる」の前には「みんなで一体感」，「ラストの５秒」の前には「きん張感」，「アスリートみたい」の前には「本気」「目標に向かって」とあることも参照。

(4)　Ａ．「です」「ます」という丁寧語が用いられている。また，「くださる」という尊敬語も用いられている。

Ｃ．「さまざまな見方や感じ方を知ることができ」「わたしたちの短歌にアドバイスをくださったおかげで，とてもよい短歌をつくることができました」などから，「感謝している内容を具体的に述べている」と言える。

問題2

(1)①　カタールの５月から10月までの平均気温は30℃をこえていて，運動をするには適さないことを読み取る。

②　Ｂ　　カタールから日本への輸入品には，原油・液化天然ガス・液化石油ガスなどのエネルギーになるものが多い。　③　英文「私は日曜日，月曜日，火曜日，水曜日，木曜日に学校へ行きます。６時50分に学校に行き，13時に帰宅します。私は普段，家で昼食を食べます」

(2)① 　⑦＝輸入　　①＝輸出　　⑨＝10　　　図4を見ると，白の棒グラフ(輸入のグラフ)は，黒の棒グラフ(輸出のグラフ)より常に多いことがわかる。2回目にカタールの首長が来た2015年の輸入額は約2兆円で，カタールで20歳以下のサッカーの大会があった1995年の輸入額は約2000億円だから，20000÷2000＝10(倍)になっている。

② 　A，D　　　B．誤り。1995年と2020年は，前の年より貿易額は減っている。C．図3と図4から，カタールから来る人の数は読み取れない。　　③ 　さまざまな国民の意見を取り入れる機会が増えること。権力の集中や一つの議院の行き過ぎを抑えられること。審議を慎重に行えること。以上のような内容を盛り込めばよい。

(3)　解答例では，他国の文化を知らなかったために，外国の人々に不快な思いをさせた体験を盛り込んだ。異文化にふれる際に，相手との関係がよくなった例や悪くなった例を盛り込み，世界の人々とよい関係をつくるために何が必要かを書いていこう。

《解答例》

問題1 (1)①西れき…1873　和れき…明治6　②60×10÷24　(2)※①67　②2610

(3)①あ．36　い．144　う．5　※②108　③16

問題2 (1)①ウ　②切れこみの部分に空気が入るから。　(2)①関節　②A，B　③右図

(3)①ア　②鉄球を動かし始める高さが高くなるほど，速度測定器で計測した速さが速

くなっている。　③より正確な値を求めることができるから。

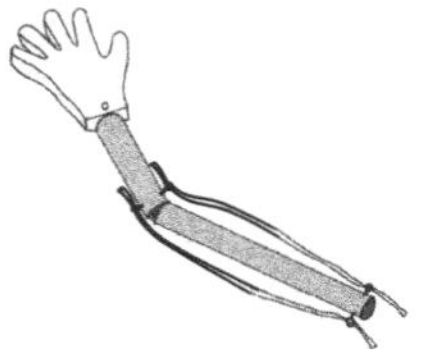

※の求め方は解説を参照してください。

《解　説》

問題1

(1)①　西れきでは 2023 年－150 年＝1873 年になる。

表1を見ると，西れき 1873 年の元号（げんごう）は明治である。1873－1868＝5 より，明治元年の 5 年後だから，

和れきでは明治6年となる。

②　10 分＝(10×60)秒＝600 秒であり，600÷24＝25(秒)となる。よって，求める式は 60×10÷24 である。

(2)①　最初の1個のあとは，12－1＝11(個)ごとにテープをはっていく。よって，7番目にテープをはるのは左

から，1＋11×(7－1)＝67(個目)の輪になる。

②　3年生と4年生の合計人数は 44＋43＝87(人)だから，1人あたり6個作ると全部で 6×87＝522(個)作ること

になる。よって，必要な花紙の枚数は 5×522＝2610(枚)である。

(3)①　星型のとがったところの角度は5つ合わせて 180°だから，1つあたり 180°÷5＝36°である。よって，

回る角度は 180°－36°＝144°になる。この星形の図形は一筆（ひとふで）がきすると，5本の直線でかくので，プログラムを

5回くり返せばできあがる。

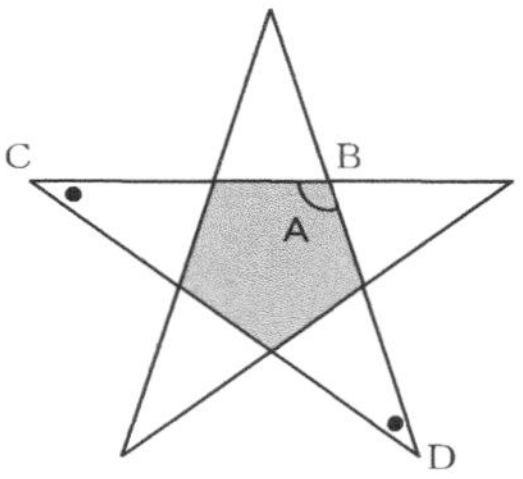

②　右図の三角形BCDで，●の角度は 36°で等しい。三角形の内角の和は

180°だから，角A＝180°－36°×2＝108°である。

③　記念行事に参加する 320 人のうち，幼児は全体の5％，中学生は全体の 10％

だから，合わせて 10＋5＝15(％)になる。1人1つずつプレゼントを渡すので，

プレゼントは 320×0.15＝48(個)必要である。よって，みずきさんが作るプレゼ

ントの数は，48÷3＝16(個)である。

問題2

(1)①　方位磁針のN極(色がついた方)が北を，S極が南を指すので，針を方位に合わせているウが正答となる。

②　ものが燃えるには酸素が必要である。ものが燃えてできた気体は周囲の空気よりも温度が高く軽いので，上に

移動する。かわりに下からの酸素を十分にふくむ空気が燃えている部分に送られると長く燃え続ける。スウェーデ

ントーチの切れこみ部分には空気が入るので，切れこみの上の部分に火をつけると，下から酸素を十分にふくむ空

気が送られ続けてよく燃える。

(2)②　ヒトの手首からひじまでの骨は2本ある。これは図2のニワトリの手羽先の下の部分の骨と同じである。よ

って，AとBが手羽先，Cが手羽元である。　③　筋肉が関節をまたぐようにしてついているため，筋肉が縮む

ことで腕を曲げたり伸ばしたりすることができる。

(3)① すべり台の下にいくほど 0.4 秒ごとの間かくが広くなっているので，一定時間に進む距離(速さ)がだんだん大きくなっていることがわかる。　② 鉄球を動かし始める高さは，①が最も低く，③が最も高い。実験結果の表より，鉄球を動かし始める高さが高くなるほど，速度測定器で計測した速さが速くなっていることがわかる。ただし，速さと高さは比例の関係ではないことに注意しよう。　③ 実験を 3 回ずつ行ってその平均値を求めることで，1 回ずつ行うよりも正確な値を求めることができる。

《解答例》

問題1　(1)イ　(2)a．空気　　b．ねこたら　ねごと　　c．幸せをもってくる　　(3)山口県立図書館で，まどさんのつくった詩を読むことができます。周南市徳山動物園では「ぞうさん」の詩と楽譜が刻まれている石碑を，周南市美術博物館ではまどさんのかいた絵を，それぞれ見ることができます。　　(4)「さんぱつは　きらい」を，don't like（きらい）haircuts（さんぱつ）と表すように，語順がちがう　　(5)(例文)地球上に存在するすべてのものは価値的に平等だという内容を読んで，ちがいから生じる差別やへんけんをなくし，それぞれの良さを認め合うことが大切だと考えた。

問題2　(1)①困っている人や農民のくらしを助けていた　②エ　③ア　　(2)①(例文)日本におけるごみのはい出量は減少せず，リサイクル率も増加しないため，少しでも再生可能な資源を利用し，二酸化炭素のはい出量を減らし，持続可能な社会にするため。　②リデュース…ウ　リユース…イ　リサイクル…ア，エ　　(3)ウ　　(4)(例文)インターネットのよさは，実際に会わなくても画面上でやりとりができることです。コロナかで一気に進んだオンライン授業やテレワークなども，インターネットがあるからこそできることです。気を付けなければならない点は，情報を発信する際に内容や表現が適切かどうか確認し，だれかを傷つけるような発言をしないようにすることです。インターネットを利用する際には，簡単につながることができるよさを生かしながら，マナーと思いやりをもって使うことが大事だと考えます。

《解　説》

問題1

(1)　【伝記文の一部】にある「象がゾウとして生かされていることをすばらしいことだと思い，幸せに思っているからです」「地球上に存在するすべてのものは〜価値的にみんな平等で，みんなそれぞれに尊いのです〜大切です」「まど・みちお〜は，子どもの心をもった詩人でしたから，笑いやことば遊びが大好きでした」などから，まどさんの物事に対する見方や感じ方が読み取れる。ひなたさんは，それらを詩と関連付けながら話している。よって，イが適する。

(2)a　すぐ後に「自然のものに目を向け，その心を想像している」とあるので，『空気』が入る。　　b　すぐ後に「言葉のリズムが楽しくて，何度も声に出して読みたくなります」とあるので，『ねこたら　ねごと』が入る。

c　【伝記文の一部】に「〈遊びと楽しさ〉〜そのよゆうが，私たちに『幸せをもってくる』と，まどはいっています」とある。

(3)　〈条件〉の「できることが似ている場所をまとめて，2文で書くこと」については，【ひなたさんのメモ】から3か所のうち2か所で共通するものを1文にまとめればよい。解答例は，「見る」という言葉が共通していることに着目して書いている。

(4)　解答例の他にも，日本語は主語（英語訳の「I」にあたるもの）が省略されていることなどが考えられる。

問題2

(1)①　あおいさんが「信長に許可を得た宣教師は各地に学校や病院を建てて，困っている人のくらしを助けていた」，ひまりさんが「行基も…道路や橋，ため池をつくって農民のくらしを助けていた」と言っていることから導く。

② エが正しい。折れ線グラフの傾きが急なほど外国人観光客数の差は大きくなるから，2019年－2020年が一番大きい。2020年の外国人観光客数は，2019年よりも約30万人減った。　ア．2018年の山口県全体の観光客数は，2011年の35÷27＝1.29…(倍)に増えた。　イ．山口県全体の観光客数は，2020年に減少した。また，45万人をこえた年はない。　ウ．図1から，アジア出身者の観光客の割合を読み取れない。　③　英文「山口へようこそ。こちらはきららビーチです。美しい夕日を見ることができます。ぶどうアイスクリームを ア食べる(＝eat) ことができます。おいしいです」

(2)①　図2より，メダルはけい帯電話，段ボールベッドは古紙，表しょう台はプラスチック容器を原料として，リサイクルしていることに着目する。図3より，日本における1人1日当たりのごみのはい出量が930g前後でほとんど減っていないこと，図4より，日本におけるごみのリサイクル率が減り続けていることが読み取れる。以上のことを，ごみを燃やすと大量の二酸化炭素が排出されて地球温暖化が進むことと関連付ける。　②ア　ごみの分別で資源が再利用されるから，リサイクルである。　イ　服がくりかえし使われるから，リユースである。　ウ　レジぶくろのごみをへらせるから，リデュースである。　エ　牛乳パックをトイレットペーパーなどにつくりかえることができるから，リサイクルである。　(3)　ウが正しい。公害による健康ひ害が広がった後，公害対さくについての法りつができたり，各地で公害のさい判がおこったりした。　ア．家庭に輸入品があふれるようになったことは読み取れない。　イ．白黒テレビからカラーテレビに変化した。　エ．「東京都だけ」ではなく「日本」の人口が1億人をこえた。

《解答例》

問題1　(1)① 5　②28　③あ. 80000　い. 50　う. 75000　(2)①168　②ウ　(3)81　(4)250　※(5)165

問題2　(1)①明るさ…ア　温度…エ　②まっすぐ進む性質。　③イ，エ，カ　(2)①塩水Aを沼井に入れると，砂についた塩がとけこむため，塩水Bは塩水Aよりこくなる。　②500　(3)①葉に当たる日光の量が多くなる。②タンポポの葉に日光が当たることで，タンポポの葉が二酸化炭素を吸収し，試験管アの中の二酸化炭素が少なくなったから。

※の求め方は解説を参照してください。

《解説》

問題1

(1)① 結果を表にまとめると，右のようになる。

	イチゴ	チョコ	合計
男子	8人		18人
女子	⑦	⑦	④
合計	19人		34人

⑦＝19－8＝11(人)，④＝34－18＝16(人)，⑦＝16－11＝5(人)だから，求める人数は5人である。

② 座れる人数は，テーブル席1台につき6－4＝2(人)差が出るので，求める人数は，2×14＝28(人)

③ 「よくばりケーキセット」50セットと「ケーキセット」100セットが全部売れた場合，売上金は，

$700×50＋450×100＝$ あ80000(円)

「よくばりケーキセット」を75セットつくる場合，残りのイチゴケーキとチョコレートケーキが100－75＝25(個)ずつになるから，「ケーキセット」を25×2＝い50(セット)つくることができる。これが全部売れたときの売上金は，700×75＋450×50＝う75000(円)

(2)① 1000人のうち，0～19歳の来場者は，$1000×\dfrac{42}{100}＝420$(人)

小学生の来場者は，この420人のうちの40%だから，$420×\dfrac{40}{100}＝168$(人)

② 実際に全ての来場者数を仮定して来場者数を求めなくても，割合(%)で比べればよい。

ア．小学生は中学生の40÷25＝1.6(倍)だから，正しい。

イ．20～39歳の割合(19%)は，40～59歳の割合(27%)より小さいから，正しい。

ウ．中学生の割合は，0～19歳の割合である42%＝0.42のうちの25%＝0.25だから，全体の0.42×0.25＝0.105，つまり，10.5%である。これは20～39歳の割合(19%)より小さいから，正しくない。

エ．ウと同様考えると，小学生の割合は，全体の0.42×0.4＝0.168，つまり，16.8%である。これは40～59歳の割合(27%)より小さいから，正しい。　したがって，誤りがあるものは，ウである。

(3) 3けたの整数について，一の位の数が0か5であるとき，その整数は5の倍数となるので，ウには5が入る。このとき，アには1～9の9通りの入れ方があり，その9通りに対して，イの入れ方が1～9の9通りずつあるから，当たりくじの番号は，9×9＝81(通り)ある。

(4) 去年の4倍は2×4＝8(人)だから，1人が配る個数は，2000÷8＝250(個)ずつになる。

(5) 小学校のころの校長先生の身長は，入口の高さの$\dfrac{11}{12}$倍だから，$180×\dfrac{11}{12}＝165$(cm)

(1)① はね返した日光を多く集めるほど，集めた部分は，より明るく，より温度が高くなる。 ③ ア，ウ，オのように，自ら光を出しているもの(光源)を直接見るときには光の反射は関係していない。イ，エ，カのように，光源ではないものを見るときには光の反射が関係している。これは，雲や後ろの車を直接見たときでも言えることで，光源でないものが見えるのは，光源からの光を反射させているためである。

(2)② 海水にふくまれる塩の割合が3％ということは，100gの海水にふくまれる塩は3gということである。したがって，15gの塩を海水から作るためには，$100 \times \dfrac{15}{3} = 500(\text{g})$の海水が必要になる。

(3)① 植物の葉に日光が当たると，二酸化炭素と水から栄養分(でんぷん)と酸素をつくり出す光合成が行われる。植物は他の生物を食べて栄養分を取りこむことができないので，より多くの日光を受けて光合成を効率よく行えるように，葉が上と下で重ならないようについている。 ② はく息には二酸化炭素が多くふくまれているため，石灰水に通すと試験管イのように白くにごる。試験管イと同じように息をふきこんだ試験管アでは，タンポポの葉が光合成に必要な二酸化炭素を吸収し，二酸化炭素の量が少なくなったため，石灰水が白くにごらなかった。

《解答例》

問題1 (1)A. エ　B. 右図　(2)表現を生き生きとさせ, 人の心を「ぐっ」とわしづか みにしてしまうこと　(3)イ　(4)ネコの鳴き声は, 日本語では「ニャー」, 英 語では「ミアウ」と表します　(5)(例文)「くすくす」は, 大声で笑えない時な

squeak

どに, できるだけ声を出さずに笑う様子を表し, 「げらげら」は, 人目を気にせ ず大声を出してごう快に笑う様子を表すというちがい。

問題2 (1)①あ. 消費量　い. 2019　う. 7　②ウ　③$1400000 \times \dfrac{70}{100}$

④土地の活用…使われていない水田を減らすために, 米粉を作る水田として利用する取組が進められたから。 技術の進歩…米を細かくする技術が進んだことで, パン, ケーキ, めんなどを米粉で作ることができるように なったから。　(2)Aの例文…縄文時代は狩猟・採集で食料を手に入れ集団行動は少なかったが, 弥生時代に なって稲作が広まると, 集団で動くようになり, ムラとムラとで争いが起きることもあった。

Bの例文…現在の農業は, 手間と時間がかかり, 高齢化の進んだ農家にとって重労働だが, 最新技術が活用さ れるようになると, 高齢者でも扱えるようになったり, 新たに農業を始める人が現れたりする。

(3)(例文)世界中から食材を輸入することで, 新鮮な野菜, 肉, 魚などを一年中食べられることが, 日本の食生 活の豊かさを表していると思います。しかし, 豊かすぎるために, まだ食べられる食品を捨てたり, 期限切れ になった食材を捨てたりする食品ロスの問題があります。買いすぎない, 食べ残しをしないなど, 私たち一人 ひとりが「もったいない」という気持ちをもって, 食品ロスを少しでも減らしていきたいと考えます。

《解　説》

問題1

(1)選択問題A　【本の一部】より, 擬態語(ぎたいご)は, 音や声ではなく, 「もののようすや人の気持ちを, 音そのもののも つ感じによってあらわした言葉」である。よって, ゼリーのゆれるようすをあらわした, エが適する。ア, イ, ウ は耳に聞こえる音や鳴き声を言葉で表したものなので, 適さない。

(2)　オノマトペについて, 【本の一部】の2段落目で「ぐっ」というオノマトペの例を用いて, 「オノマトペがある ことで, その場にいるような臨場感(りんじょうかん)が伝わります」「あなたの実感がさらに伝わって, 読む方も思わず引きこま れることでしょう」と述べている。さらに, それをまとめて「こんなふうに, オノマトペには, 表現を生き生きと させ, 人の心を『ぐっ』とわしづかみにしてしまう魅力(みりょく)があります」と言っているので, この部分を中心にまと める。

(3)　a　の部分は「オノマトペとは」で始まり, オノマトペの説明が書かれているので, イが適する。

(5)　「にやにや」は, 声を立てずにうす笑いを浮(う)かべるさま, 「くすくす」は, 小さな声で笑うさま, 「げらげら」 は大きな声であけっぴろげに笑うさまである。

問題2

(1)①　【日本の食生活についての記事】より, 昔から主食として食べられてきた米のぁ消費量は減っている。 図1より, 米粉の利用量が約3万6千トンになっているのは, ぃ2019年である(3万トンと4万トンの間より少 し上の位置にあるため)。これは, 2009年と比べると, 36000÷5000＝7.2より, 約ぅ7倍になっている。

②　ア. 2009年について, 「米粉用米」の水田の面積の割合は, 全ての水田の面積の$\dfrac{0.2}{159.2+2.6+0.2}=\dfrac{0.2}{162}$であり,

明らかに90%を超えていないので，正しくない。　　　イ．2009年から2019年にかけて，「主食用米」の水田の面積は減っているから，正しくない。　　　ウ．2019年の「加工用米」の水田の面積(4.7万ha)は，2009面の「加工用米」の水田の面積の1.5倍である$2.6×1.5=3.9$(万ha)より大きいから，正しい。　　　エ．2019年について，「加工用米」の水田の面積の割合は，全ての水田の面積の$\dfrac{4.7}{137.9+4.7+0.5}=\dfrac{4.7}{143.1}$であり，明らかに90%を超えていないので，正しくない。

③　70%$=\dfrac{70}{100}$なので，解答例のような式で求められる。
実際に計算すると，$1400000×\dfrac{70}{100}=980000$より，およそ98万人となる。

④　表1より，主食用米の水田面積が減ったのに対し，米粉用米の水田面積が増えたことが読み取れる。【日本の食生活についての記事】より，土地の活用は「使われていない水田を減らすために，米粉を作る水田として利用する取組が進められています」とあることから，技術の進歩は「米をさらに細かくする技術が進み，パンやケーキ，めんなども米粉で作ることができるようになりました」とあることから導ける。

⑵選択問題A　【えりこさんのメモ】に「米作りが始まる前は，木の実を集めたり，矢じりなどの道具を使って動物や魚をとったりして食料としていた」とあることから，縄文時代は図3の矢じりを使って狩りが行われていたとわかる。さらに「米作りが始まり，石包丁を使って稲の穂をかりとった」「たくわえた米などをめぐり，むらどうしで争うこともあった」とあることから，弥生時代は米作りが盛んになり，図4の石包丁のような農具が発明され，土地や用水を目的とした争いが発生したとわかる。弥生時代の遺跡として有名な佐賀県の吉野ケ里遺跡は，敵の侵入を防ぐため，集落のまわりを柵やほりで囲んだ環濠集落であった。

選択問題B　【ゆかりさんのメモ】に「草かりなどの農作業は，時間がかかり，多くの人手が必要」「農業で働く人が減っており，高齢化が進んでいる」とあることから，図5のように，現在，農家にとって草刈りが重い負担になっているとわかる。さらに「ドローンや自動運転トラクターなどが農作業に使われ始めている」「草かりに人手を必要としない無人草かり機が開発されている」「コンピューターを使った水やりやビニールハウスの温度管理が行われている」とあることから，図6の無人草かり機のような農具が発明され，今後はさらに最新技術の導入が進み，農家の抱える人手不足や高齢化などの問題が解決されていくと予想できる。

⑶　食品を無駄にせず使い切るため，ばら売りや量り売りを活用したり，期限切れが近い食品から使ったりするなどの具体的な取組を書いてもよい。また，問題点の具体例として，食料自給率が低い日本ではフード・マイレージ(食料の重さ×輸送距離)が高くなるため，二酸化炭素などの温室効果ガスが大量に排出され，地球温暖化が進むことを挙げでもよい。

《解答例》

問題1 (1)①57　②青組と黄組の2位の人数は同じだから。　③い. 8　う. 5

(2)右のように作図する。四角形ABCDの面積は、三角形ABDと三角形CBDの
面積の和だから、BD×AE÷2＋BD×CF÷2で求められる。

(3)ア　(4)あ. 1800　い. 2150　う. 2100　え. C　(5)A. 900　B. 6

問題2 (1)①北　②方向…c　長さの変化…長くなっている。　③ウ，エ　(2)①はちを日光が入る部屋に置くと、電
灯の光だけで植物が育つかを調べられないので、日光が入らない部屋に置く。　②酢…50　塩…12.5

(3)A. ①選んだもの…ウ　説明…大きくて角ばっている。　②流水によって運ばれてくる間に、川底や他の石
とぶつかって丸くなった。　B. ①選んだもの…エ　理由…酸素が不足して火が消えるから。　②水分を多く
ふくんでいるから。

《解　説》

問題1

(1)①　白組の合計得点は、10×3＋6×3＋3×0＋1×9＝30＋18＋9＝57(点)

②　2位の配点を変えることで変わるのは、2位の人の合計点だから、2位の人の数が同じ場合は、合計得点で
差がつくことはない。

③　黄組は赤組より、2位の人が3－1＝2(人)、3位の人が6－1＝5(人)多いから、2位、3位の配点が
より高ければ、条件に合いそうだとわかる。

昨年度の赤組と黄組の合計得点の差が58－51＝7(点)で、2位と3位の人数の和は黄組が赤組より2＋5＝7
(人)多いから、2位と3位の配点を1点ずつ高くすると、赤組と黄組は同じ合計得点になる。したがって、2位
と3位の両方を2点以上(例えば2位8点、3位5点)、またはどちらかを1点でもう1つを2点以上(例えば2位
7点、3位5点)にし、「※配点のルール」の条件に合うように考える。

他にも条件に合うような2位と3位の配点の組み合わせはいくつかある。

(2)　四角形は対角線をひくことで、2つの三角形にわけることができる。

また、三角形の面積は、(底辺)×(高さ)÷2で求められる。

(3)　☆のマスにアを置くときは、右図iのように必ず☆の上か下のマスどちらか一方がアのマス
と重ならない(色付き部分)。このマスと重なるようにイのマスを置く(ウのマスは置けない)と、
残りのマスでウのマスをぴったりおさめることができないので、☆のマスに置けないブロックは、
アである。また、☆のマスにイ、ウを置いた場合は、それぞれ図ii、iiiのよう
に他のブロックを置くことができる(置き方は他にもある)。

(4)　10本買う場合、はちまきの代金と配送料をあわせると、

A店は130×10＋500＝ぁ1800(円)、B店は135×10＋800＝ぃ2150(円)、

C店は140×10＋700＝ぅ2100(円)となる。

100本買う場合、すべてのお店で割引サービスが適用されるから、はちまきの代金と配送料をあわせると、

A店は130×100×(1－0.1)＋500＝12200(円)、B店は135×100×(1－0.15)＋800＝12275(円)、

C店は 140×100×（1－0.2）＋700＝11900（円）なので，_えC店が一番安く買える。

(5)|選択問題A|　過去10年間の入場者数の合計は 853×10＝8530（人）だから，昨年度を除いた9年間の入場者数の合計は，8530－430＝8100（人）である。よって，求める平均は，8100÷9＝900（人）

|選択問題B|　各組は，自分の組以外の3組と試合をするから，1組に対して3試合行う。全部で4組あるから，3×4＝12（試合）となるが，この数え方では同じ試合を2回数えていることになる（例えば，赤組対白組と白組対赤組の試合は同じ試合である）ので，全部で 12÷2＝6（試合）ある。

|問題2|

(1)①　かげは太陽と反対の方角にできるので，太陽が南の空にある正午のかげがのびている方角は北である。

②　太陽は東の地平線からのぼり，南の空を通って，西の地平線にしずむので，かげは西，北，東の順に動いていく。aの方角が北だから，東の方向（c）に向かって動いている。また，太陽の高度が最も高い正午に，かげは最も短くなり，その後は太陽の高度が低くなるにつれてかげの長さは長くなっていくので，午後4時のかげの長さは正午に比べて長い。　③　ウ，エ○…図3のように，日光は平行にふりそそぐと考えることができるので，図Ⅰのように，軒の長さがイのときは，dに日光があたらず，日かげになるが，ウ，エのときは日なたになる。

図Ⅰ

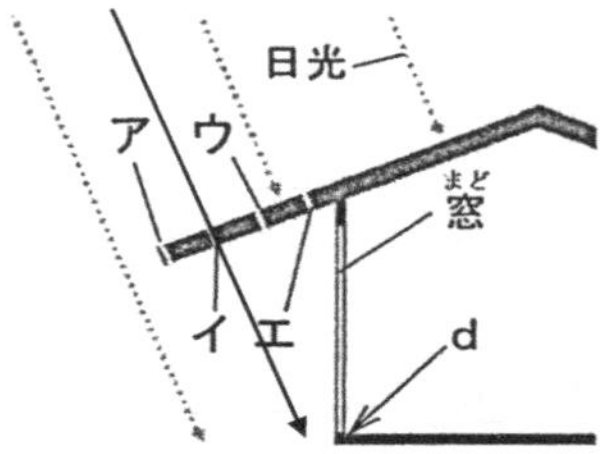

日光

アウ

窓

イエ

d

(2)①　この実験では，日光が入る部屋にはちを置いているので，電灯の光だけで植物が育つかどうかを調べることはできない。　②　酢，オリーブオイル，塩の割合が同じになるようにする。オリーブオイルを 100mL 使うので，酢は $20×\frac{100}{40}=50$（mL），塩は $5×\frac{100}{40}=12.5$（g）である。

(3)|選択問題A|①　ウ○…図6より，a地点は海面からの高さの変化が大きい山の中（上流）だと考えられる。上流にある石は大きく，角がとがっている。

|選択問題B|①　エ○…火のついた大きな炭を金属でできた容器に移し，ふたをして密閉することで，火が消えて，炭はほとんど形を残す。

《解答例》

問題1 (1)イ　(2)エ　(3)昔に比べて増えている　(4)プラスチックごみの割合が，全体の九割をしめていることが分かりました　(5)プラスチックの代わりに植物のくきで作ったストローを考案したことや，レジ袋の使用をやめてもらうための活動をしたこと

問題2 (1)①あ. 3　い. 2014　う. 2015　え. アジア　②国際基準の図柄やピクトグラムで表すこと。
(2)①イ　②1449万×0.467　③映像・音声・文字で簡単に情報を得られ，いつでもその情報を得ることができるが，他のメディアに比べるとまちがった情報も少なくない。　(3)①ウ　②ロボットの価格が下がるとともに，安全性が高まること。　(4)(例文)未来年表の内容から，今後，介護ロボットや完全自動運転車が広くふきゅうすると考えられます。これからの時代は，人工知能や機械が進化し，ますます多くの作業や仕事をこなすようになっていくでしょう。そこで，私は発想力を身に付けていきたいと思います。なぜなら，人工知能には今までにない新しいものを考える力はないからです。おたがいの長所を生かして，人工知能や機械をうまく利用できるようになりたいと思います。

《解　説》

問題1

(1) ミズウオのおなかからプラスチックごみなどの人工物が出てくる割合は，1964〜83年には平均で62%だったのが，2001〜19年には，72%に増えている。10%も増えているのは予想外のことなので，イの「しかし」が適する。

(2) ストローを植物のくきで作るのは，環境(かんきょう)問題の対策の一つとして価値(かち)のある取組といえる。

(3) 1の内容の要点は，「調査の結果によって，昔に比べて〜深海魚の体内からプラスチックごみが見つかる割合(わりあい)が増えている」(＝「海の中にプラスチックごみが増えている」)ということ。【ともこさんが調べた記事の一部】の中で，それを表している10字以内の言葉を探す。

(4) 円グラフから，山口県の海岸のごみの種類別割合で，プラスチックごみの割合が90%(＝九割)をしめていることが分かる。このことを，　D　にあてはまるように敬体(です・ます)で書く。

(5) 【担任(たんにん)の先生のお話】と【ALTのお話】には，「若(わか)い人による取組」が具体的にしょうかいされている。担任の先生のお話】からは，「プラスチックの代わりに植物のくきで作ったストローを考案した」高校生の取組を，【ALTのお話】からは，「レジ袋(ぶくろ)の使用をやめることを市長に約束してもらうために請願(せいがん)したり，海岸の清掃(せいそう)活動を行ったりした」インドネシアの姉妹の取組を引用して，　C　にあてはまるように書く。

問題2

(1)①【あ】　図1より，日本を訪れた外国人の数は，2013年が約1000万人，2018年が約3100万人だから，2018年は2013年の3100÷1000＝3.1(倍)であり，約3倍となる。　【い】・【う】　図1で2014年と2015年を比べると，日本を訪れた外国人の数は1400万人→2000万人，海外を訪れた日本人の数は1700万人→1600万人ほどに推移している。　【え】　図2より，外国人旅行者の86%は，2869×0.86＝2467.34(万人)だから，最も数の近いアジアと判断する。　②　日本を訪れる外国人に向けて，言葉が書かれていなくても絵やマークで意味することがわかるようになっている「ピクトグラム(右図は手荷物受取所を表すもの)」の国際的な統一が進められている。ピクトグラムは，日本語のわからない人でもひと目見て何を表現しているのかわかるため，年齢や国の違いを越えた情報手段として活用されている。

(2)① イが正しい。 ア.「20～29歳」の利用者の割合は，2008年が96.3%，2017年が98.7%だから，増えている。ウ．2008年の「80歳以上」の利用者の割合は14.5%で，20%以下である。 エ．2008年の年齢層ごとの割合で最も高いのは「20～29歳」である。 ② 解答例のほか，「1449万×$\frac{46.7}{100}$」でもよい。 ③ テレビや新聞のおもな特徴の書き方にならって，インターネットの長所→インターネットの短所の順で書くこと。インターネットでは手軽に情報を発信できるため，間違った情報が含まれていることもある。そのため，インターネットで得られた情報をそのまま受け取らず，正しい情報かどうかを本で調べたり，詳しい人に聞いたりして確かめることが大切である。このような取り組みをメディアリテラシーという。

(3)① 「介護ロボットは～高齢者の自立を支援したり，介護する人の負担を軽くすることに役立ったりするものです」「高齢者の数が増え，介護する人の負担が増える中，介護ロボットがその問題を解決できるのではないかと注目されています」より，ウが適する。 ② 「ロボットの価格が高いことや安全性を心配する声があることなど」が，下線部の理由として考えられている。よって，価格の問題と安全性の問題を解決する(価格が下がり，安全性が高まる)ことで，介護ロボットは広く利用されるようになると思われる。

《解答例》

問題1 (1)あ．3　い．20　(2)①ア．b　イ．a　ウ．b　エ．a　②「手品」…よしおさん　「英会話」…やよい

さん　「和楽器」…さとしさん／あきさん　「昔の遊び」…ひろかさん　③12　※(3)140

(4)半径20㎝の円の面積は20×20×3.14(㎠)である。この半径を2倍の40㎝にすると，面積は，

20×2×20×2×3.14＝20×20×3.14×2×2＝20×20×3.14×4(㎠)となり，半径20㎝の円の面積の4倍

になる。

問題2 (1)①あ，え　②イ．C　エ．B　カ．E　(2)①[1]に3個／[1]に1個と[2]に1個／[3]に1個　②支点から

作用点までのきょりが短いほど，作用点にはたらく力が大きくなるから。　(3)①電流を強くする。／導線の

まき数を多くする。　②ウ，エ，イ，ア

※の求め方は解説を参照してください。

《解　説》

問題1

(1)　1時間＝60分だから，入れかわりの時間の合計は，60－(8＋10＋10＋8＋9)＝15(分)である。したがって，

④「英語暗唱」と⑤「和だいこ」の間の入れかわり以外の時間の合計は15－5＝10(分)である。この10分を

①「ダンス」，②「合唱」，③「調べ学習発表」，④「英語暗唱」の間の3か所に均等に分けるので，10÷3＝$\frac{10}{3}$＝

3$\frac{1}{3}$(分)，つまり，3分($\frac{1}{3}$×60)秒＝ぁ3分ぃ20秒ずつになる。

(2)①　ア〜エそれぞれの掲示板を真正面から見ている人の体の向きをイメージし，その人から見て右と左どちら

の方向にバザー会場があるのかを考えればよい。

②　5人の希望をまとめると右表のようになる。「手品」を希望しているのは

よしおさんだけなので，「手品」はよしおさんに決まる。ひろかさんは「昔の

遊び」だけを希望しているので，「昔の遊び」はひろかさんに決まる。残って

手品	よしお
英会話	あき，よしお，やよい
和楽器	さとし，あき，よしお
昔の遊び	ひろか，さとし，やよい

いるもののうちやよいさんが希望しているのは「英会話」だけなので，「英会話」はやよいさんに決まる。

残ったさとしさんとあきさんは「和楽器」を希望しているので，そのように決まる。

③　⑦「英会話」と「和楽器」をとなり合わせないという条件がない場合の，4つの企画の配置の仕方の数から，

①「英会話」と「和楽器」がとなり合う場合の配置の仕方の数を引けばよい。

下線部⑦について，「手品」→「英会話」→「和楽器」→「昔の遊び」の順に部屋を決めるものとする。「手品」

の配置はA〜Dの4通り，「英会話」は残りの3部屋の3通り，「和楽器」は残りの2部屋の2通り，「昔の遊び」

は残りの1部屋の1通りの決め方があるから，全部で，4×3×2×1＝24(通り)ある。

下線部①について，「英会話」と「和楽器」をまとめて1つと考える。左から順に「英会話」「和楽器」とし，「英

会話」「和楽器」→「手品」→「昔の遊び」の順に配置を決めると，「英会話」「和楽器」はABかBCかCDの3

通り，「手品」は残りの2部屋の2通り，「昔の遊び」は残りの1部屋の1通りの決め方があるから，3×2×1＝

6(通り)ある。「英会話」と「和楽器」のまとまりを左から順に「和楽器」「英会話」としても同様に6通りの配

置があるから，①の配置は全部で，6＋6＝12(通り)ある。

以上より，求める配置の仕方は，24－12＝12(通り)

(3)　今年は利益を，$10000 \times \left(1 + \frac{20}{100}\right) = 12000$（円）にしたいので，1個あたりの利益が $12000 \div 300 = 40$（円）になればよい。よって，1個の値段を，$100 + 40 = 140$（円）にすればよい。

(4)　解答例のように具体的な式を書いて理由を説明すればよい。なお，円に限らず，平面図形を a 倍に拡大（または縮小）すると面積は $a \times a$（倍）になり，立体図形を a 倍に拡大（または縮小）すると，体積は $a \times a \times a$（倍）になることを覚えておこう。

「問題２」

(1)①　太陽は午前6時ごろに東の地平線からのぼり，正午ごろに南の空で最も高くなり，午後6時ごろに西の地平線にしずんでいく。したがって，それぞれの時刻の太陽の位置を考え，太陽のある方向が光っている月を選べばよい。太陽が東にある午前6時に東側が光っている「あ」と，太陽が西にある午後5時に西側が光っている「え」が正答となる。　②　[1] と [6]，[2] と [5]，[3] と [4] はそれぞれ，光が当たった部分とかげになる部分の大きさが同じで左右が入れかわったように見える。したがって，イはC，エはB，カはEである。

(2)①　図4では，左のうでをかたむけるはたらきが $6 \times 10 = 60$ で，右のうでをかたむけるはたらきが $1 \times 30 = 30$ だから，左のうでをかたむけるはたらきが $60 - 30 = 30$ 大きい。したがって，右のうでをかたむけるはたらきが 30 大きくなるように，1に3個（$1 \times 30 = 30$），1に1個と2に1個（$1 \times 10 + 2 \times 10 = 30$），3に1個（$3 \times 10 = 30$）つるす3とおりの方法がある。

(3)①　導線のまき数が同じで，かん電池の個数が異なる a と b を比べると，b の方が持ち上げることのできる鉄のクリップの個数が多いから，かん電池を直列につないで導線に流れる電流を強くすれば，電磁石が強くなると考えられる。また，かん電池の個数が同じで，導線のまき数が異なる a と c を比べると，c の方が持ち上げることのできる鉄のクリップの個数が多いから，導線のまき数を多くすれば，電磁石が強くなると考えられる。　②　表3より，ウとエではウ，エとアではエ，アとウではウ，イとエではエの方が強い電磁石だと分かる（ウはエより強く，エはイより強い）。また，かん電池の個数が同じアとイでは，導線のまき数が多いイの方が強い電磁石だと分かる。以上のことから，電磁石を強い方から並べると，ウ，エ，イ，アとなる。

■ ご使用にあたってのお願い・ご注意

（1）問題文等の非掲載

　著作権上の都合により，問題文や図表などの一部を掲載できない場合があります。

　誠に申し訳ございませんが，ご了承くださいますようお願いいたします。

（2）過去問における時事性

　過去問題集は，学習指導要領の改訂や社会状況の変化，新たな発見などにより，現在とは異なる表記や解説になっている場合があります。過去問の特性上，出題当時のままで出版していますので，あらかじめご了承ください。

（3）配点

　学校等から配点が公表されている場合は，記載しています。公表されていない場合は，記載していません。

　独自の予想配点は，出題者の意図と異なる場合があり，お客様が学習するうえで誤った判断をしてしまう恐れがあるため記載していません。

（4）無断複製等の禁止

　購入された個人のお客様が，ご家庭でご自身またはご家族の学習のためにコピーをすることは可能ですが，それ以外の目的でコピー，スキャン，転載（ブログ，ＳＮＳなどでの公開を含みます）などをすることは法律により禁止されています。学校や学習塾などで，児童生徒のためにコピーをして使用することも法律により禁止されています。

　ご不明な点や，違法な疑いのある行為を確認された場合は，弊社までご連絡ください。

（5）けがに注意

　この問題集は針を外して使用します。針を外すときは，けがをしないように注意してください。また，表紙カバーや問題用紙の端で手指を傷つけないように十分注意してください。

（6）正誤

　制作には万全を期しておりますが，万が一誤りなどがございましたら，弊社までご連絡ください。

　なお，誤りが判明した場合は，弊社ウェブサイトの「ご購入者様のページ」に掲載しておりますので，そちらもご確認ください。

■ お問い合わせ

　解答例，解説，印刷，製本など，問題集発行におけるすべての責任は弊社にあります。

　ご不明な点がございましたら，弊社ウェブサイトの「お問い合わせ」フォームよりご連絡ください。迅速に対応いたしますが，営業日の都合で回答に数日を要する場合があります。

　ご入力いただいたメールアドレス宛に自動返信メールをお送りしています。自動返信メールが届かない場合は，「よくある質問」の「メールの問い合わせに対し返信がありません。」の項目をご確認ください。

　また弊社営業日（平日）は，午前９時から午後５時まで，電話でのお問い合わせも受け付けています。

2025 春

株式会社教英出版

〒422-8054　静岡県静岡市駿河区南安倍３丁目 12-28

TEL　054-288-2131　　FAX　054-288-2133

URL　https://kyoei-syuppan.net/

MAIL　siteform@kyoei-syuppan.net

教英出版　2025年春受験用　中学入試問題集

学校別問題集
★はカラー問題対応

④[府立]富田林中学校
⑤[府立]咲くやこの花中学校
⑥[府立]水都国際中学校
⑦清 風 中 学 校
⑧高槻中学校（Ａ日程）
⑨高槻中学校（Ｂ日程）
⑩明 星 中 学 校
⑪大阪女学院中学校
⑫大 谷 中 学 校
⑬四 天 王 寺 中 学 校
⑭帝 塚 山 学 院 中 学 校
⑮大 阪 国 際 中 学 校
⑯大 阪 桐 蔭 中 学 校
⑰開 明 中 学 校
⑱関 西 大 学 第 一 中 学 校
⑲近 畿 大 学 附 属 中 学 校
⑳金 蘭 千 里 中 学 校
㉑金 光 八 尾 中 学 校
㉒清 風 南 海 中 学 校
㉓帝塚山学院泉ヶ丘中学校
㉔同 志 社 香 里 中 学 校
㉕初 芝 立 命 館 中 学 校
㉖関 西 大 学 中 等 部
㉗大 阪 星 光 学 院 中 学 校

兵 庫 県
①[国立]神戸大学附属中等教育学校
②[県立]兵庫県立大学附属中学校
③雲 雀 丘 学 園 中 学 校
④関 西 学 院 中 学 部
⑤神 戸 女 学 院 中 学 部
⑥甲 陽 学 院 中 学 校
⑦甲 南 中 学 校
⑧甲 南 女 子 中 学 校
⑨灘 中 学 校
⑩親 和 中 学 校
⑪神戸海星女子学院中学校
⑫滝 川 中 学 校
⑬啓 明 学 院 中 学 校
⑭三 田 学 園 中 学 校
⑮淳 心 学 院 中 学 校
⑯仁 川 学 院 中 学 校
⑰六 甲 学 院 中 学 校
⑱須磨学園中学校（第1回入試）
⑲須磨学園中学校（第2回入試）
⑳須磨学園中学校（第3回入試）
㉑白 陵 中 学 校

㉒夙 川 中 学 校

奈 良 県
①[国立]奈良女子大学附属中等教育学校
②[国立]奈良教育大学附属中学校
③[県立] 国 際 中 学 校
　　　　青 翔 中 学 校
④[市立]一条高等学校附属中学校
⑤帝 塚 山 中 学 校
⑥東 大 寺 学 園 中 学 校
⑦奈 良 学 園 中 学 校
⑧西 大 和 学 園 中 学 校

和 歌 山 県
①[県立] 古 佐 田 丘 中 学 校
　　　　向 陽 中 学 校
　　　　桐 蔭 中 学 校
　　　　日高高等学校附属中学校
　　　　田 辺 中 学 校
②智 辯 学 園 和 歌 山 中 学 校
③近 畿 大 学 附 属 和 歌 山 中 学 校
④開 智 中 学 校

岡 山 県
①[県立]岡 山 操 山 中 学 校
②[県立]倉 敷 天 城 中 学 校
③[県立]岡山大安寺中等教育学校
④[県立]津 山 中 学 校
⑤岡 山 中 学 校
⑥清 心 中 学 校
⑦岡 山 白 陵 中 学 校
⑧金 光 学 園 中 学 校
⑨就 実 中 学 校
⑩岡山理科大学附属中学校
⑪山 陽 学 園 中 学 校

広 島 県
①[国立]広島大学附属中学校
②[国立]広島大学附属福山中学校
③[県立]広 島 中 学 校
④[県立]三 次 中 学 校
⑤[県立]広島叡智学園中学校
⑥[市立]広島中等教育学校
⑦[市立]福 山 中 学 校
⑧広 島 学 院 中 学 校
⑨広 島 女 学 院 中 学 校
⑩修 道 中 学 校

⑪崇 徳 中 学 校
⑫比 治 山 女 子 中 学 校
⑬福 山 暁 の 星 女 子 中 学 校
⑭安 田 女 子 中 学 校
⑮広 島 な ぎ さ 中 学 校
⑯広 島 城 北 中 学 校
⑰近畿大学附属広島中学校福山校
⑱盈 進 中 学 校
⑲如 水 館 中 学 校
⑳ノートルダム清心中学校
㉑銀 河 学 院 中 学 校
㉒近畿大学附属広島中学校東広島校
㉓ＡＩＣＪ中 学 校
㉔広 島 国 際 学 院 中 学 校
㉕広島修道大学ひろしま協創中学校

山 口 県
①[県立] 下 関 中 等 教 育 学 校
　　　　高 森 み ど り 中 学 校
②野 田 学 園 中 学 校

徳 島 県
①[県立] 富 岡 東 中 学 校
　　　　川 島 中 学 校
　　　　城ノ内中等教育学校
②徳 島 文 理 中 学 校

香 川 県
①大 手 前 丸 亀 中 学 校
②香 川 誠 陵 中 学 校

愛 媛 県
①[県立] 今 治 東 中 等 教 育 学 校
　　　　松 山 西 中 等 教 育 学 校
②愛 光 中 学 校
③済 美 平 成 中 等 教 育 学 校
④新 田 青 雲 中 等 教 育 学 校

高 知 県
①[県立] 安 芸 中 学 校
　　　　高 知 国 際 中 学 校
　　　　中 村 中 学 校

※もっと過去問シリーズは
国語の収録はありません。

K 教英出版

〒422-8054
静岡県静岡市駿河区南安倍3丁目12−28
TEL 054-288-2131
FAX 054-288-2133
詳しくは教英出版で検索

| 教英出版 | | 検索 |

URL https://kyoei-syuppan.net/

受　検　番　号

○　　　　　　　○　　　　　　　○　　　　　　　○（配点非公表）

問　題　1

（1）　（小学生）　　　　人　　　（大人）　　　　人

（2）①　　　　　　　　通り

②　（求め方）

（答え）たたみ　　　　枚分

（3）　（マイクロバス）　　　回　　　（ワゴン車）　　　回

（4）　　　　　cm³

（5）①　　　　　個

②　（求め方）

（答え）

（6）　ア　　　　　　　　イ

問　題　2

（1）①　【豆電球の断面図】

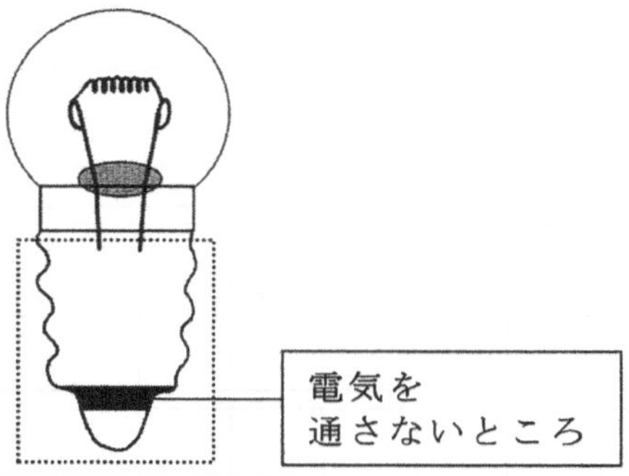

電気を
通さないところ

②

③

（2）①　　　　　　　　②

③

（3）①

②　　　　　→　　　　　→　　　　　→　図4

（理由）

令和6年度山口県立中等教育学校及び中学校　入学者選抜選考検査　記述式の課題1　解答用紙

受　検　番　号

〇　　　　　〇　　　　　〇　　　　〇（配点非公表）

問題 1

（1）

（2）①　　　　　②　B　　　　　C

（3）

（4）

（5）

80字

100字

問題 2

（1）①　　　　　②

③　B　　　　　C　　　　　D　　　　　④

（2）①

②　パン　　　　　にんじん　　　　　とり肉

③

180字

220字

　ひであきさんの学年では，これまで学んだ理科の学習をふり返り，それぞれがテーマを設定してグループ発表を行うことになりました。タブレット端末に残してある学習の記録を見ながら，ふり返りを読んだり友だちと会話したりしてテーマを設定し，研究を進めています。あとの問い（1）～（3）に答えましょう。

図1　3年生の時の実験装置

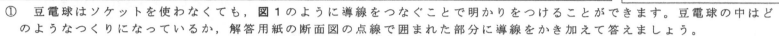

（1）ひであきさんは，3年生で「電気の通り道」の学習をした際に，下のようなふり返りを書いていました。これを読んで，あとの問い①～③に答えましょう。

> 【今日の学習をふり返って】
> 　今日は，ソケットを使わずに豆電球に明かりをつける実験をしました。
> 　導線をつなぐ場所によって，豆電球に明かりがついたりつかなかったりすることが分かりました。
> 　実験の後で豆電球の中のつくりを見たら，明かりのつく理由も分かりました。

①　豆電球はソケットを使わなくても，図1のように導線をつなぐことで明かりをつけることができます。豆電球の中はどのようなつくりになっているか，解答用紙の断面図の点線で囲まれた部分に導線をかき加えて答えましょう。

②　ひであきさんは，図1の導線以外のものを使って同じ装置を作り，豆電球の明かりをつけてみることにしました。次のア～オのうち，明かりをつけることができるものを全て選び，記号で答えましょう。
　　ア　はり金（銅）　　イ　おり紙（紙）　　ウ　輪ゴム（ゴム）
　　エ　はり金（鉄）　　オ　アルミニウムはく（アルミニウム）

③　家庭用の電球と発光ダイオード（LED）を比べると，発光ダイオードの方が電気を効率的に光に変える仕組みになっています。図1の豆電球を豆電球型発光ダイオードにかえて確かめていたひであきさんは，右のような【気づき】をもちました。豆電球型発光ダイオードの方が豆電球よりも電気を効率的に光に変える仕組みになっていることを，【気づき】を参考に説明しましょう。

> 【気づき】
> ・豆電球は明かりがつくと少しあたたかくなる。
> ・豆電球型発光ダイオードは明かりがついてもほとんどあたたかくならない。

図2　4年生の時の実験装置

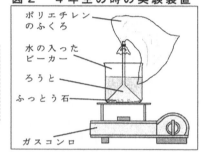

（2）ゆうきさんは，4年生で「水の姿と温度の関係」を学習したときの記録を見ながら，かすみさんと会話をしています。あとの問い①～③に答えましょう。

> ゆうき：この実験（図2），ふっとうして出てきた気体が，予想とちがったんだった。
> かすみ：正体を確かめるために，出てきた気体をふくろに集めたよね。大きくふくらんでいたポリエチレンのふくろは，熱するのをやめるとすぐにしぼんだよね。
> ゆうき：ふくろにたまった液体を調べたことで，気体の正体が分かったんだったよね。

①　図2の実験で，ポリエチレンのふくろに集まった気体の正体は何ですか。

②　ゆうきさんは，図3のような実験装置を使って観察することにしました。水の入った試験管を熱し続けると気体が出てきます。出てきた気体はゴム管とガラス管を通って，水の入ったビーカーへ送られます。ふっとうさせ続けていると，初めのうちはガラス管の先から出ていたあわが，途中からほとんど出なくなりました。試験管で発生した気体は，ガラス管まで来たときどうなったのか答えましょう。

③　ゆうきさんは，図3の実験において，試験管の中の水が減るので，装置全体の重さが軽くなるのではないかと予想しましたが，図3の実験装置のうち，ガスコンロ以外を電子ばかりの上にのせ，加熱前後の重さを比べたところ，変化はありませんでした。この結果からどのようなことが言えるか答えましょう。

図3　ゆうきさんの考えた実験装置

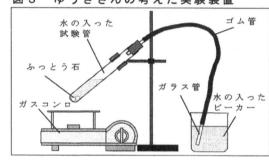

（3）つむぎさんは，5年生で「天気の移り変わり」を学習した際に，下のようなふり返りを書いていました。これを読んで，あとの問い①，②に答えましょう。

> 【今日の学習をふり返って】
> 　今日は，日本の天気の移り変わりを，雲の画像から考えました。
> 　日本の上空は一年中，西から東へ大きく風がふいているから，天気は西から東へ変わることが分かりました。
> 　「夕焼けになると次の日は晴れる」という言い伝えを聞いたことがあるけど，西の空に雲が少なくて，太陽がはっきり見えるから次の日が晴れるのだと納得しました。

①　つむぎさんは，雲の画像から天気を予測する方法について発表するために，気象衛星から見た画像を調べました。図4は11月のある日の雲の画像です。図4のときの山口県の天気を答えましょう。なお，画像の白い部分が雲を表しています。

②　さらに，つむぎさんは雲の動きを確かめるために，図4から過去3日分の同じ時刻の雲の画像（図5）を集めました。図5のア～ウを，図4につながるように，3日前から順に正しく並べかえましょう。また，そう考えた理由を説明しましょう。

図4　ある日の雲の画像

図5　過去3日分の雲の画像

ア

イ

ウ

（図4，図5ともに日本気象協会ウェブページから）

解答は全て解答用紙に書きましょう。

問題 1

ひなたさんの地域では，小・中学生と大人がいっしょに参加する防災キャンプを市民センターで毎年開催しています。小学生のひなたさんは，この防災キャンプの実行委員です。今年の防災キャンプには，ひなたさんをふくめ小学生が90人，中学生が18人，大人が72人参加しています。あとの問い（1）～（6）に答えましょう。

（1）防災キャンプでは，グループ別で行う活動があり，小学生，中学生，大人が混じったグループに分けることになりました。ひなたさんは，余る人が出ないよう全てのグループに小学生と中学生と大人のそれぞれを同じ人数ずつ分けたところ，1グループの人数が10人になりました。このとき，1グループあたりの小学生と大人の人数をそれぞれ答えましょう。

（2）グループ分けができた後，昼食の時間になりました。次の問い①，②に答えましょう。

①　この防災キャンプでは，昼食として表1のように3種類のおにぎりと2種類のスープ，4種類の飲み物が用意されています。参加者が，おにぎり，スープ，飲み物の中からそれぞれ1種類ずつ選ぶとき，選び方は全部で何通りあるか答えましょう。

②　飲食スペースを指定するため，市民センターのホールに長方形のシートをしくことになりました。市民センターには，縦1.8m，横3.6mの小さめのシートAと，縦3.6m，横4.5mの大きめのシートBがそれぞれ何枚かあり，シートAには「たたみ4枚分」と大きさの目安が表示されていました。ひなたさんは，このシートAの表示を参考にすれば，シートBがたたみ何枚分になるかを調べられることに気づきました。シートBはたたみ何枚分になりますか。求め方と答えを書きましょう。

表1　昼食として用意されているもの

〇おにぎり	〇スープ	〇飲み物
さけ	みそ汁	緑茶
わかめ	コーン	麦茶
こんぶ		ウーロン茶
		ミネラルウォーター

（3）防災に関する施設見学のため，ひなたさんたち小・中学生108人は市民センターから車で片道5分かかる防災センターまで移動することになりました。移動には，運転手をのぞいて24人が乗車できるマイクロバスと，同じく9人が乗車できるワゴン車の2台が用意され，この2台が往復し，小・中学生を送り届けることになっています。小・中学生が1人1席ずつ空席のないように座ることにしたとき，小・中学生全員が移動する時間が最も短くなるのは，マイクロバスとワゴン車がそれぞれ何回防災センターに送り届けるときか答えましょう。なお，マイクロバス，ワゴン車の乗降にかかる時間は考えないものとします。

（4）施設見学後，おやつとして，各グループにクッキーやあめを配ることになりました。ことみさんは，クッキーやあめを配りやすくしようと思い，図1のように1辺が21cmの正方形の厚紙の4すみを合同な正方形で切り取り，テープを使って図2のような直方体の形をした，ふたのない入れ物を作っています。それを見ていたひなたさんは，同じ厚紙を使って4すみを合同な正方形で切り取れば立方体の形をした入れ物も作れることに気がつき，立方体の形をした，ふたのない入れ物を作りました。ひなたさんが作った入れ物の容積を求めましょう。

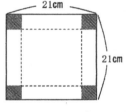

図1　正方形の厚紙

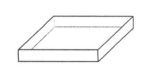

図2　ことみさんが作った入れ物

（5）防災キャンプでは，夕食にカレーを作ることになりました。ひなたさんたち実行委員は，4人分のカレーの材料と分量を示した表2のメモをもとに，予備もふくめて200人分のカレーの材料を準備しました。次の問い①，②に答えましょう。

①　200人分のカレーを作るのに必要なじゃがいもの個数は何個ですか。

②　200人分のカレーを作るには，12kgのぶた肉が必要です。ひなたさんたちは，地域にある2つのスーパーマーケットのうち購入代金が安い方で，12kgのぶた肉を注文しました。

【スーパーマーケットA】100gあたり150円，1kgの購入につき50円を値引き
【スーパーマーケットB】100gあたり180円，5kg以上の購入で合計金額から2割引き

スーパーマーケットAとスーパーマーケットBのうち，ひなたさんたちが，ぶた肉を注文したのはどちらですか。言葉と式を使って説明し，答えを書きましょう。

表2　カレーの材料と分量

材 料	4人分の分量	
カレーのルー	$\frac{1}{2}$箱	110g
ぶた肉		240g
玉ねぎ	2個	400g
じゃがいも	$1\frac{1}{2}$個	240g
にんじん	$\frac{1}{2}$本	100g
サラダ油	大さじ1	
水	$4\frac{1}{4}$カップ	850mL

（6）ひなたさんたち実行委員は，地域の大人の防災意識について調査するため，参加した大人72人全員に対して，災害に対する備えの状況に関するアンケート調査を実施しました。ひなたさんたちは，そのアンケート結果を集計しながら地域の大人の防災意識について話し合い，アンケート結果を表3にまとめようとしています。表3のア，イに当てはまる数を答えましょう。

ひなた：今回参加した大人全員がアンケートに答えてくれたよ。これを使って，大人の防災意識についてまとめてみよう。

ことみ：食料などを入れた非常用の持ち出しぶくろを準備している人は（ア）人で，準備していない人のちょうど半分の人数だったね。

あきら：災害の起こった時に，避難する場所をまだ決めていない人は，38人もいたね。

ひなた：避難する場所を決めていて，非常用持ち出しぶくろを準備している人は12人だから，災害に対して備えができている人は地域で見ると少ない状況だね。

ことみ：逆に，両方できていない人は（イ）人ということになるね。

あきら：これからも，地域をあげて防災意識を高める取組が必要だと感じるね。

表3　アンケート結果　（単位：人）

		避難する場所		合 計
		決めている人	決めていない人	
非常用の持ち出しぶくろ	準備している人			ア
	準備していない人		イ	
合 計				

ひろしさんは，社会の時間に日本の食料生産について，**図1〜図3**を使って調べました。あとの問い（1），（2）に答えましょう。

図1 日本の主な食料の自給率の変化

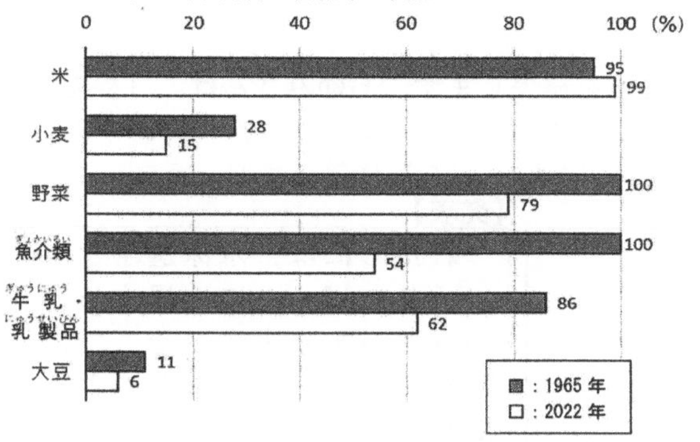

（農林水産省資料により作成）

図2 日本で消費される小麦の国別生産量の割合

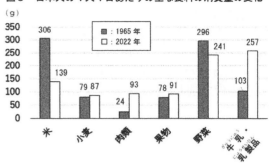

（農林水産省資料により作成）

図3 日本人の1人1日あたりの主な食料の消費量の変化

（農林水産省資料により作成）

（1）次の文章は，ひろしさんとはなこさんの社会の時間での会話の一部です。これを読んで，あとの問い①〜④に答えましょう。

> ひろし：日本の食料の自給率は，低下したと言われているけれど，図1からもそのことが読み取れるね。
> はなこ：a1965年と2022年を比べてみると，他にもいろいろなことが読み取れるよ。
> ひろし：日本国内の生産だけで足りない食料は，どこの国から輸入しているのかな。
> はなこ：図2を見ると，小麦の場合は，1か国だけではなく複数の国から輸入していることがわかるね。もしも，b1か国のみからの輸入に頼ってしまうと，（　Ａ　）という問題がおこる可能性があるんだよね。
> ひろし：できるだけ，複数の国から分散して輸入できた方が安心なんだね。それにしても，c日本の食料の自給率は，どうして低下したのかな。

① a_____部について，図1を読み取っているものとして最も適切なものを，次のア〜エから1つ選び，記号で答えましょう。

ア 1965年と2022年を比べると，全ての食料において，自給率は低下している。

イ 1965年と2022年の自給率がどちらも60%をこえているのは，6品目のうち4品目である。

ウ 1965年と2022年ともに，米や野菜の自給率は7割をこえているが，小麦や大豆は3割に達していない。

エ 1965年と2022年を比べると，自給率の差が最も大きいのは野菜である。

② b_____部について，はなこさんは食料を1か国のみからの輸入に頼ることの問題点があることを指摘しています。どのような問題点が考えられるか，「不足」という語句を用いて（　Ａ　）に入る文を答えましょう。

③ c_____部について，ひろしさんは，食料の自給率が低下した原因について考えるため，図3からわかることをまとめました。【ひろしさんのノート】の（Ｂ）〜（Ｄ）に入る言葉を図3からぬき出して答えましょう。

④ 【ひろしさんのノート】の（Ｅ）には，図3から読み取った文が入ります。（Ｅ）に入る文として，最も適切なものを，次のア〜エから1つ選び，記号で答えましょう。

ア 日本では食料を生産できる耕地が少なくなった

イ 日本人の食生活が変化した

ウ 日本の農作業にかかる時間や費用が増えた

エ 日本の食料の価格が高くなった

> 【ひろしさんのノート】
> ・1965年…（Ｂ）や（Ｃ）を主に消費していた。
> ・2022年…1965年と比べ，（Ｂ）の消費量が2分の1以下に減り，一方で，（Ｄ）や牛乳・乳製品の消費量が2倍以上に増えた。
> → 予想：（Ｅ）ことで，外国からの輸入に頼る食料が増えて，日本の食料の自給率が低下したのではないか。

（2）次の文章は，ひろしさんとお父さんの家庭での会話の一部です。これを読んで，あとの問い①〜③に答えましょう。

> ひろし：学校で日本の食料生産について学習しているんだけど，食料の自給率が低下したと言われる日本は，この先も食料を確保していけるのかな。
> 父　：日本の食料を確保していくためには，d農産物の生産量や魚介類などの漁かく量を増やしていくことが大切かもしれないね。食料の自給率を上げていくことは課題なんだけれど，その他に，食品ロスも課題となっているのを知っているかな。
> ひろし：食品ロスって何なの？
> 父　：まだ食べられるのに捨てられてしまう食品のことで，日本では国民1人あたり，茶碗約1ぱい分の食料が毎日捨てられている計算になるらしいよ。日本以外でも，ある国ではe「パン」「にんじん」「とり肉」が多く捨てられていると，英語で書かれた雑誌に紹介されていたよ。
> ひろし：そうなんだね。どうすれば，食品ロスを減らすことができるのかな。

① d_____部について，ひろしさんはお父さんの考えを聞いて，日本には，農業や漁業で働く人がどのくらいいるかについて調べました。ひろしさんが調べた図4と図5から読み取れる，農業と漁業が共通してかかえる課題を2つ書きましょう。

② e_____部について，お父さんの読んだ雑誌では，3つの食品や食材は英語でそれぞれどのように表現されていたでしょうか。適切なものを，次のア〜キから1つずつ選び，記号で答えましょう。

ア onion　　イ carrot　　ウ potato　　エ cabbage　　オ pork　　カ bread　　キ chicken

図4 農業で働く人数の変化
※折れ線グラフは，農業で働く人のうち，60才以上の人の割合を示している。

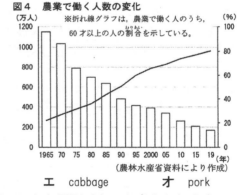

（農林水産省資料により作成）

図5 漁業で働く人数の変化
※折れ線グラフは，漁業で働く人のうち，60才以上の人の割合を示している。

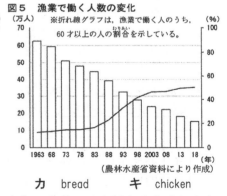

（農林水産省資料により作成）

③ _____部について，食品ロスが増えることで，どのような問題があると考えられますか。また，食品ロスを減らすためにあなたにできることは何ですか。あなたの考えを180字以上220字以内で書きなさい。

> 注意
> ○ 1行目の1マス目から書き始めてください。段落を設けずに続けて書きましょう。
> ○ 書き終えたあと，付け加えたり，けずったりしてもかまいません。そのときは全部消して書き直す必要はありません。次の例のように直しましょう。
>
> （例）
>
> | ま | た | ， | 今 | ま | で | に | し | て | き | た | こ | と | を | 生 | か | す | こ | と | で |

解答は全て解答用紙に書きましょう。

問　題　1

　あゆみさんの学級では，国語の時間に，自分でテーマを決めて複数の本を読み，考えたことを発表します。あゆみさんは，「夢をかなえる」というテーマで発表するために複数の本を読み，その中から2冊の本をもとに考えたことをまとめました。次の，あゆみさんが読んだ【本①の一部】，【本②の一部】，あゆみさんの【発表】を読んで，あとの問い（1）〜（5）に答えましょう。

【本①の一部】

> お詫び：著作権上の都合により，掲載しておりません。
> ご不便をおかけし，誠に申し訳ございません。
> 教英出版

（著者：石橋幸緒他『子どもだって哲学⑤仕事ってなんだろう』から）

【本②の一部】

　作物を収穫する前には，まず種をまいて，たいていは辛抱強く成長を待たなければなりません。
　きみが目標に向かってがんばっても，すぐ成果が出るとは限らないものだよ。それは種からていねいに育てた作物が，嵐や日照りに耐えて，ようやく収穫のときをむかえるようなもの。長い時間がかかって，ついにりっぱな実がなるんだ。人間だって同じことがいえるよ。あきらめないで努力をし続けて，長い時間がすぎて，はじめてすばらしいことができるようになるんだ。　（監修：齋藤孝『自分の力で人生を切りひらく！こども自助論』から）

【発表】

　わたしには，水泳選手としてオリンピックに出場するという夢があります。そこで，夢をかなえる努力をどのようにしていくとよいのかに着目して本を読みました。
　【本①の一部】からは，

| A |

ことが重要だとわかりました。
　また，【本②の一部】の「作物を収穫する前には，まず種をまいて，たいていは辛抱強く成長を待たなければなりません」という言葉の「作物を収穫する」は，　B　ということの例え，「辛抱強く成長を待たなければなりません」は，　C　ということの例えだとわかり，この言葉が心に残りました。
　わたしは，練習したことが結果につながらないとき，原因を探ることなく，仕方がないと思っていました。

| D |

，本当にかなえたい夢なら，試合で負けても，「なぜそうなったのか，どうすればよいのか」ということの答えを見つけ，投げ出さずに練習をしたいと思うようになりました。

（1）あゆみさんは，【本①の一部】の「しいて言うならば」という言葉の意味を調べ，他の言い方もできることを知りました。「しいて言うならば」の他の言い方として最も適切なものを，次の**ア〜エ**から1つ選び，記号で答えましょう。

　　ア　何かと言えば　　　　**イ**　元はと言えば　　　　**ウ**　言うまでもなく　　　　**エ**　あえて言えば

（2）あゆみさんは，「夢をかなえる努力をどのようにしていくとよいのか」に着目して【本①の一部】と【本②の一部】を読み，わかったことや心に残ったことを【発表】の　A　〜　C　で話しました。次の問い①，②に答えましょう。

　①　あゆみさんは，【発表】の　A　で，【本①の一部】を読んでわかったことを話しました。　A　に入る文として最も適切なものを，次の**ア〜エ**から1つ選び，記号で答えましょう。

　　ア　努力，努力と言われてから，夢に向かおうとする　　　　**イ**　夢に疑問や違和感をもっていても，何となく動く
　　ウ　考えて動き，上手くいかなければ別の方法を考えることをくり返す　**エ**　将棋の対局の後には，「感想戦」という儀式を行う

　②　あゆみさんは，【発表】の　B　，　C　で，「作物を収穫する」と「辛抱強く成長を待たなければなりません」のそれぞれが伝えていることを話しました。　B　，　C　に入る適切な内容を，【本②の一部】の言葉を取り上げて書きましょう。

（3）あゆみさんは，【本①の一部】と【本②の一部】の文章の書き方にちがいがあることに気がつきました。それぞれの文章の書き方の特ちょうとして最も適切な組み合わせになっているものを，次の**ア〜エ**から1つ選び，記号で答えましょう。

	【本①の一部】	【本②の一部】
ア	メッセージとその解説が書かれている。	書き手の実体験を取り上げて書かれている。
イ	書き手の実体験を取り上げて書かれている。	メッセージとその解説が書かれている。
ウ	問いとその答えの形式で書かれている。	2つの立場から異なる考えが書かれている。
エ	2つの立場から異なる考えが書かれている。	問いとその答えの形式で書かれている。

（4）あゆみさんは，【発表】の　D　で，　D　の前後の文が適切につながるような言葉を使いました。　D　に入る言葉として最も適切なものを，次の**ア〜エ**から1つ選び，記号で答えましょう。

　　ア　その理由は　　　　**イ**　その中でも特に　　　　**ウ**　その考えが変わり　　　　**エ**　その結果として

（5）あなた自身が夢をかなえるために取り組みたいことは何ですか。次の〈条件〉に合わせて書きましょう。
　　〈条件〉・【本①の一部】か【本②の一部】から自分が着目した言葉や文を少なくとも1つ取り上げながら，生活の中でどのように取り組んでいきたいかを具体的に書くこと。
　　　　　・80字以上100字以内で書くこと。

令和５年度山口県立中等教育学校及(およ)び中学校　入学者選抜(せんばつ)選考検査　記述式の課題２　解答用紙

受検番号	

（配点非公表）

問題　１

（１）① 西れき　　　　年　和れき　　　　年

②

（２）①（求め方）

（答え）　　　　個目

②　　　　枚

（３）① あ　　　　度　い　　　　度　う　　　　回

②

（求め方）

（答え）　　　　度

③　　　　個

問題　２

（１）①

②

（２）①

②

③

（３）①

②

③

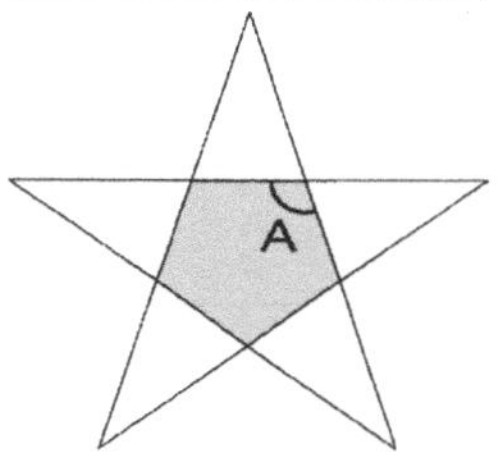

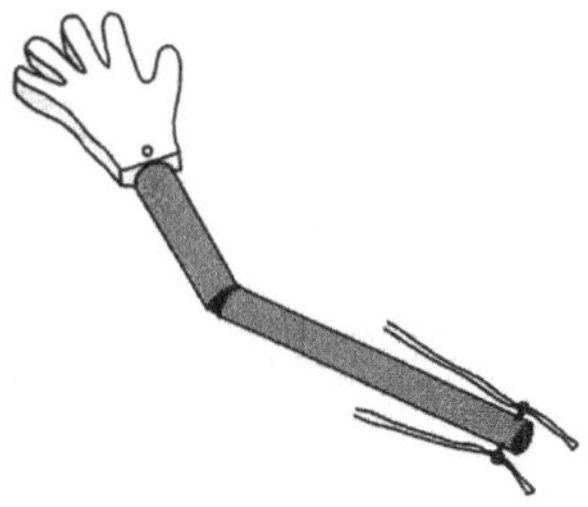

令和５年度山口県立中等教育学校及び中学校　入学者選抜選考検査　記述式の課題１　解答用紙

受検番号	

○　○　○　○（配点非公表）

問題　1

（１）

ア	【例】木の葉散る／風がふくたび／おどり出す／風がとまれば／時とまるかな シャカシャカとマラカスみたいに音たてて母さんいつも米とぎワルツ
イ	a　　　　　　b
	c
ウ	

（２）

（３）

言葉	
理由	30字　50字

（４）

（５）

問題　2

（１）

①	
②	
③	

（２）

①	ア		イ		ウ	
②						
③						

（３）

100字

200字

ひなたさんとあやせさんは，家族とキャンプに出かけました。あとの問い（１）～（３）に答えましょう。

（１）キャンプ場に着いたひなたさんは，家族といっしょに，キャンプの準備を始めました。
あとの問い①，②に答えましょう。
① ひなたさんとお父さんは，テントをどこに張るかについて会話をしています。

> ひなた：テントはどこに張ったらいいかな。
> 父　　：夕日を見ながら食事をしたいから，テントの向きも考えないとね。
> ひなた：夕日がしずむ西の方角が分からないな。
> 父　　：じゃあ，方位磁針を使って方角を調べることにしよう。

ひなたさんは，方位磁針を使って，西の方角を探しました。方位磁針の「西」の表示
が正しく西の方角を向いているものを右の**ア**～**エ**から１つ選び，記号で答えましょう。

② ひなたさんはお父さんと，たき火の準備をしながら，会話をしています。図１は，ス
ウェーデントーチと呼ばれるものの１つで，かわかした木に上から切れこみを入れたも
のです。

> ひなた：スウェーデントーチって，木に切れこみが入れてあるんだね。
> 父　　：そうだよ。スウェーデントーチの切れこみの上の部分に火をつけると，よく
> 　　　　燃えて全体に燃え広がるんだ。
> ひなた：切れこみのない木だと，すぐに火が消えてしまうのかな。
> 父　　：そうだよ。切れこみがあることで，よく燃えるんだ。

切れこみのない木は，火がつきにくく，火をつけてもすぐに消えてしまうのに，
スウェーデントーチはよく燃えます。よく燃える理由の１つに，表面積が増えるこ
とがありますが，それ以外の理由を説明しましょう。

（２）ひなたさんは，食事の用意をしているときに，食材として持ってきたとり肉を見てあや
せさんと会話をしています。図２はとり肉の骨の様子が分かるように表した図です。あと
の問い①～③に答えましょう。

> ひなた：このとり肉は，ニワトリのどの部分なのかな。
> あやせ：これは手羽先と手羽元といって，ニワトリの体のうち，つばさにあたる部分
> 　　　　だよ。
> ひなた：ニワトリのつばさも，ヒトのうでのように，曲がるところと曲がらないとこ
> 　　　　ろがあるね。
> あやせ：曲がるところは，骨と骨のつなぎ目になっているみたいだね。

① 会話中の，＿＿＿＿部のことを何といいますか。

② 図３は，ヒトの骨の様子を表したものです。ヒトの骨のうち，手羽先に当
たる部分として適切なものを**A**～**D**から全て選び，記号で答えましょう。

③ 手羽先と自分のうでを比べていたあやせさんは，ヒトのうでがどのような
仕組みで曲げたりのばしたりできるのか確かめてみようと思い，家で図４の
ような模型を作りました。筋肉のかわりであるひもを引っ張ってみたところ，
うでの模型はうまく曲がりませんでした。ヒトのうでの仕組みと同じにする
には，ひもをどこにつなげばよいか，解答用紙の図に線をかき加えて答えま
しょう。

（３）ひなたさんは，キャンプ場のすべり台で遊んでいます。あとの問い①～③に答えましょう。
① ひなたさんは，すべり台をすべっている様子を，お母さんにスマートフォンを
使ってさつえいしてもらいました。このスマートフォンは，0.4秒ごとの様子を
図５のように１枚の写真にすることができます。
図５のすべり台をすべっているひなたさんの速さについて，適切なものを次の
ア～**エ**から１つ選び，記号で答えましょう。
ア だんだん速くなっている　　　　**イ** だんだんおそくなっている
ウ 速さは変化していない　　　　　**エ** 速さについて分かることはない

② しゃ面を動くものの速さを調べたくなったひなたさんは，次の日に学校で【実験】を行いました。【実験結果】から，
鉄球を動かし始める高さと，速度測定器で測った速さの関係について，分かることを書きましょう。

【実験】

準備物　28gの鉄球，レール，速度測定器

方　法　レールの片方の高さを変化させ，レール
の上を動く鉄球が速度測定器を通過する
ときの速さを３回ずつ計測する。
高さ ❶5cm ❷10cm ❸15cm
※速度測定器…通過したものの速さを測る道具

❸の高さから実験を行っている写真

速度測定器　　　高さ15cm

【実験結果】速度測定器で計測した速さ

高さ	1回目	2回目	3回目
❶	2.01	2.01	2.00
❷	2.69	2.72	2.71
❸	2.99	3.03	3.02

※表の数値は，速さ（１時間に進む距離(km)）を表す。

③ ひなたさんは，【実験】を行う際に，同じ高さから手をはなす実験を３回ずつ行っています。ひなたさんが，同じ実験
を３回ずつ行った理由を説明しましょう。

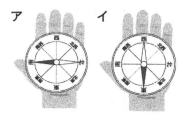
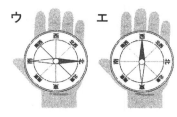

図１ スウェーデントーチ

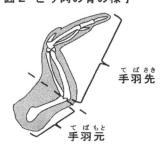

切れこみ

図２ とり肉の骨の様子

手羽先

手羽元

図３ ヒトの骨の様子　　図４ うでの模型

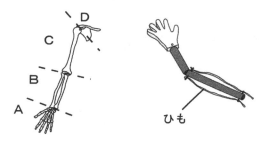

D
C
B
A

ひも

図５ スマートフォンでさつえいした写真

解答は全て解答用紙に書きましょう。

問題 1

　こうきさんたちの学校では，令和５年（2023年）に創立150周年の記念行事を行います。こうきさんたち６年生は，その準備などを行うことになりました。あとの問い（1）〜（3）に答えましょう。

（1）こうきさんのグループは，学校の歴史について調べて発表する担当になりました。あとの問い①，②に答えましょう。
　①　こうきさんは自分の学校が開校したのがいつなのかを調べました。令和５年（2023年）の150年前が何年になるかを西れきと和れきでそれぞれ答えましょう。和れきを求めるときには，表１を参考にしましょう。
　　※和れき…慶応，明治，大正などの年代ごとについている名前を用いた年の数え方のこと

表１　西れきと和れきの関係

〈西れき〉	〈和れき〉
1868年 …	慶応４年・明治元年
1912年 …	明治45年・大正元年
1926年 …	大正15年・昭和元年
1989年 …	昭和64年・平成元年
2019年 …	平成31年・令和元年

　②　こうきさんたちは，調べた内容を24枚の資料にまとめ，１枚ずつ画面に映しながら発表します。発表時間は10分です。発表の練習をする際，こうきさんは，「資料１枚あたりの話す長さを同じにすると，１枚あたりの話す時間は25秒になるね。」と言っています。この25秒を求めるための式を答えましょう。

（2）ゆずかさんのグループは，記念行事の会場をかざり付ける担当になりました。そこで，１・２年生には輪かざりを，３・４年生には花紙で作った花を作ってもらうようにお願いしました。あとの問い①，②に答えましょう。
　①　１・２年生に作ってもらった輪かざりを図１のように行事の会場にかざり付けるために，ゆずかさんとあおいさんは次のような会話をしています。

図１　輪かざりとかざり方

左から1個目　12個目　23個目

> ゆずか：12個の輪を１つのまとまりとして，テープでかべにはり付けよう。
> あおい：１番最初に左はしの輪をテープではったら，次にテープではるのは左から12個目の輪，３番目にテープではるのは，左から23個目の輪になるね。
> ゆずか：12個ずつが１つのまとまりなのだから，３番目にテープではるのは，左から24個目の輪ではないのかな。
> あおい：１つ目のまとまりの右はしの輪と２つ目のまとまりの左はしの輪は同じ輪だよ。だから，３番目にテープではるのは左から24個目ではなく，23個目になるよ。

　　同じように輪かざりをテープではっていくと，７番目にテープではるのは，左から何個目の輪になりますか。言葉と式を使って説明し，答えを書きましょう。

　②　３・４年生が図２のような花を１個作るために，花紙は５枚必要です。３年生44人と４年生43人に１人あたり６個ずつ作ってもらうために必要な花紙の枚数を答えましょう。

図２　花紙で作った花

（3）しょうたさんのグループは，記念行事に参加した地域の人にわたすプレゼントを作る担当になりました。あとの問い①〜③に答えましょう。
　①　幼児と中学生にわたすプレゼントは，星型のペンダントにしました。図３のような星型ペンダントの型紙を作るために，しょうたさんは，先生に次のようなかき方のヒントを教えてもらいました。

図３　星型ペンダントの型紙

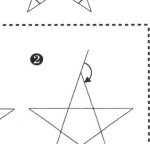

> ・一筆がき（かき始めたらとちゅうで線を切らず，同じ線を二度なぞらずにかくこと）でかく。
> ・５本の直線でかき，その直線の長さを全て同じにする。
> ・星型のとがったところの角（図４の角ア〜角オ）の大きさが全て同じで，その和は180度になっている。

図４

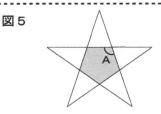
ア　オ　イ　エ　ウ

　　しょうたさんは，先生のヒントをもとにして型紙を作っているときに，以前学習したプログラミングの経験を生かして，この形がかけないかと思いました。そして，家に帰ってプログラミングソフトを用いて試してみました。
　　次の日，しょうたさんは，完成したプログラムをもとに，学校で友達に説明しています。【しょうたさんの説明】や【しょうたさんが作ったプログラム】の（　あ　）〜（　う　）に当てはまる数を答えましょう。

【しょうたさんの説明】
　　まず，❶のように ● をスタート地点として，矢印の方向に「100進む。」としてみるよ。
　　次に，❷のように回るよ。回る角度を求めるために，まず，星形のとがったところの角度を求めるよ。とがったところの角度は（　あ　）度になるよ。だから，回る角度は（　い　）度になるよ。
　　この「100進む。」と「（　い　）度，右に回る。」を（　う　）回くり返したところで，型紙のような星型ができたよ。

【しょうたさんが作ったプログラム】

> 実行したとき
> （　う　）回くり返す。
> やること
> 　100進む。
> 　（　い　）度，右に回る。

❶
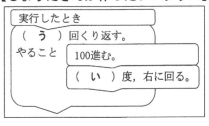

❷
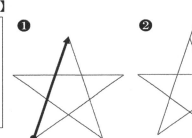

　②　しょうたさんの説明を聞いたなつみさんは，この星型の図形に興味をもち，調べました。すると，図５の色がついた部分が正五角形になっていることに気付きました。この正五角形の角Ａの大きさの求め方を言葉と式を使って説明し，答えを書きましょう。なお，解答用紙の図に線や記号などをかきこんで説明に用いてもかまいません。

図５

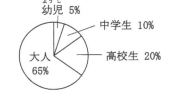
Ａ

　③　みずきさん，かのんさん，まひろさんの３人は，幼児と中学生にわたすプレゼントを，３人で同じ数ずつ作ることにしました。
　　記念行事に参加する人は合計320人で，その内訳を割合で表したものが図６の円グラフです。幼児と中学生に１つずつプレゼントをわたすとき，みずきさんが作るプレゼントの数はいくつになるか答えましょう。

図６　記念行事に参加する人の内訳
幼児 5%　中学生 10%　大人 65%　高校生 20%

問 題 2

ゆうきさんのグループは日本とつながりのある国を調べて，社会の時間に発表することにしました。あとの問い（1）～（3）に答えましょう。

（1）次の文章は，発表の準備をしているゆうきさんとひかりさんの会話の一部です。これを読んで，あとの問い①～③に答えましょう。

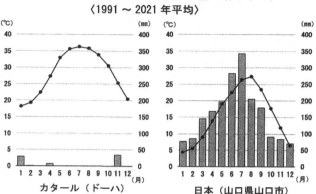

図1　気温（折れ線グラフ）と降水量（棒グラフ）
〈1991 ～ 2021 年平均〉

カタール（ドーハ）　　　　日本（山口県山口市）

（気象庁資料により作成）

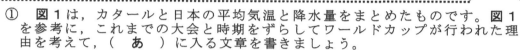

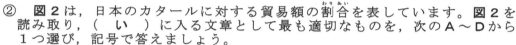

ゆうき：わたしは，この前，サッカーのワールドカップがあった，カタールについて調べてみたよ。

ひかり：ワールドカップは，これまで毎回7月くらいに行われていたけれど，今回初めて時期をずらして11月から12月の間に行われたことでも話題になっていたね。

ゆうき：そうだね。カタールの気候を調べてみたけれど，図1から，これまでの大会と時期をずらした理由がわかるよ。例えば，わたしたちの住んでいる山口県と気候を比べると，（　あ　）。

ひかり：この資料を見ると，カタールの降水量がすごく少ないのが気になったよ。飲み水など生活に使う水は，足りているのかな。

ゆうき：海の水を飲めるようにもしているみたいだ。カタールの水に関係することで協力している，日本の会社があることが調べてわかったよ。

ひかり：協力関係といえば，カタールと日本の貿易はどうなっているのかな。

ゆうき：図2のようになっているよ。ここからは，（　い　）ことがわかるね。

① 図1は，カタールと日本の平均気温と降水量をまとめたものです。図1を参考に，これまでの大会と時期をずらしてワールドカップが行われた理由を考えて，（　あ　）に入る文章を書きましょう。

② 図2は，日本のカタールに対する貿易額の割合を表しています。図2を読み取り，（　い　）に入る文章として最も適切なものを，次のA～Dから1つ選び，記号で答えましょう。
　A　日本は，カタールから輸入する部品を利用して自動車を製造している
　B　カタールからは，エネルギーになるものを多く輸入している
　C　カタールからの輸入額とカタールへの輸出額は同じくらいである
　D　日本が最も多くの原油を輸入しているのは，カタールである

③ ゆうきさんは，インターネット上で，カタールの小学校に通っている児童がカタールの小学校の日常の様子を書いた【英文】を見つけました。この【英文】からわかる日本の小学校とのちがいを日本語で1つ書きましょう。

【英文】
I go to school on Sunday, Monday, Tuesday, Wednesday and Thursday.
I go to school at 6:50 and I go home at 13:00. I usually eat lunch at home.

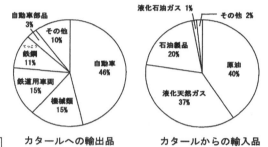

図2　日本のカタールに対する貿易額の割合（2020年）

カタールへの輸出品　　　カタールからの輸入品

（財務省資料により作成）

（2）ゆうきさんたちが発表の準備をしているときに，先生から「カタールと日本の関係についても調べてまとめてみるといいよ。」とアドバイスをもらいました。そこで，ゆうきさんは，図3の年表を作成しました。次の文章は，図3と図4を見ながら話している，ゆうきさんとまさおさんの会話の一部です。これを読んで，あとの問い①～③に答えましょう。

ゆうき：カタールと日本が国交を結んだのは約50年前で，思っていたよりも最近のことだと思ったよ。

まさお：図3の年表から，カタールと日本はよい関係が築けていることがわかるね。図4からは，どんなことがわかるかな。

ゆうき：図4のグラフを見ると，日本のカタールに対する ア 額は イ 額を常に上回っているね。

まさお：この年表で2回目にカタールの首長が来た年の ア 額は，カタールで20歳以下のサッカーの大会があった年と比べると，約 ウ 倍になっているよ。

ゆうき：まさおさんが言うように，日本にとってカタールは大切な貿易相手国の1つだと言えそうだね。

まさお：カタールも，日本のことを大切な国の1つだと考えているのではないかな。

図3　カタールと日本の関係年表

1971年	カタールと日本が国交を結ぶ。
1978年	日本の内閣総理大臣が初めてカタールを訪問する。
1984年	カタールの首長が初めて日本を訪問する。
1995年	カタールで20歳以下のサッカー国際大会が行われ，日本が出場する。
2005年	カタール航空が日本への直行便を始める。
2011年	東日本大震災でカタール政府から支援を受ける。
2013年	日本の内閣総理大臣がカタールを訪問する。
2015年	カタールの首長が日本を訪問する。
2022年	カタールでサッカーのワールドカップが行われ，日本が出場する。

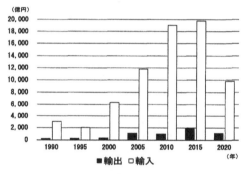

図4　日本のカタールに対する貿易額の推移

■輸出　□輸入

（外務省および財務省資料により作成）

① 図3と図4を参考にして，ア ～ ウ に当てはまる言葉や数をそれぞれ答えましょう。ただし，ウ は整数で答えましょう。

② まさおさんが，カタールと日本はよい関係が築けていると考えたのはなぜでしょうか。図3と図4からカタールと日本の関係について読み取ることのできる内容として適切なものを，次のA～Dから全て選び，記号で答えましょう。
　A　たがいの国の政治家が行き来しているから　　B　1990年以降，貿易額が増え続けているから
　C　カタールから来る人が毎年増えているから　　D　災害のときにカタール政府が支援してくれたから

③ まさおさんは図3を見ながら，国会で法律を成立させて，東日本大震災の復興に向けた計画的な取組が進められたことについて，授業で学んだことを思い出しました。国会には，図5のように衆議院と参議院の2つの話し合いの場があります。このように，話し合いの場が2つあるのは，どのようなよいことがあるからでしょうか。図5を参考にして説明しましょう。

図5　法律ができるまで

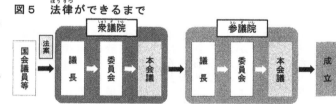

（3）ゆうきさんは発表の最後に，国際理解を進めることの大切さを学級のみんなに伝えようとしています。これから世界の人々とよい関係をつくるために，あなたが大切にしたいことはどのようなことですか。これまでの自分の経験をもとにして，200字程度で書きましょう。

注 意
○ 1行目の1マス目から書き始めてください。段落を設けずに続けて書きましょう。
○ 書き終えたあと，付け加えたり，けずったりしてもかまいません。そのときは全部消して書き直す必要はありません。次の例のように直しましょう。

（例）

| ま | た | ， | 今 | ま | で | に | し | て | き | た | こ | と | を | ~~生~~ | ~~か~~ | ~~す~~ | こ | と | で |

解答は全て解答用紙に書きましょう。

問　題　1

　国語の時間に短歌の学習をしたかおるさんの学級では，地域の短歌サークルの谷さんたちを招いて「楽しいこと」というテーマで短歌をつくり，歌会をすることにしました。次の【短歌の表現のよさについての交流】，【かおるさんのメモ】，【かおるさんの短歌】，【谷さんの意見】を読んで，あとの問い（1）〜（5）に答えましょう。　　　　　　※歌会…短歌などをつくって発表し，感想を伝え合う会

【短歌の表現のよさについての交流】※┈┈┈┈は，短歌から想像できる様子や気持ちなど

```
お詫び：著作権上の都合により，掲載しておりません。
ご不便をおかけし，誠に申し訳ございません。
教英出版
```

（監修：NHK学園　『イラスト子ども短歌①心をみつめて』『イラスト子ども短歌②からだで感じて』『イラスト子ども短歌④いろんな想いを』から）

谷さん：自分たちが短歌をつくるときの参考にするために，①から⑤までの短歌のどのような表現によさを感じたかについて交流してみましょう。

しのぶ：短歌の五・七・五・七・七に合わせて声に出して読んでみました。どの短歌もリズムがよくて，何度も読みたくなりました。

あきら：ぼくは，①と②の短歌が好きです。感じたことを「うれしい」などの気持ちを表す言葉ではなく，自分らしい言葉で表しているのがよいと思います。

かおる：そうですね。①の短歌の「灰色の猫が頭の中をひっかく」という表現から，【　a　】様子を想像しました。②の短歌の「ああその音がなんともいえぬ」からは，すいか割りが【　b　】と思う気持ちが伝わりました。

しのぶ：③，④，⑤の短歌は，出来事の様子を工夫して表現していますね。③の短歌では，米とぎの様子を「シャカシャカ」という擬音語で表現しています。

かおる：擬音語を使うことで，【　c　】効果があると思います。「マラカスみたい」，「ワルツ」という言葉からも，楽しそうな米とぎの様子を想像しました。

しのぶ：④の短歌では，「二秒」という具体的な数字を使って，様子を表現していますね。その場の臨場感が伝わってくる表現だと思いました。

あきら：⑤の短歌では，木の葉が風にふかれる様子を「おどり出す」と例えています。例えを使うと，風景や様子を印象的に伝えることができると思います。

【かおるさんのメモ】

楽しいこと
・おおなみこなみ
・ゆうびんやさん
・長なわ遊び
・八の字とび
・自分の番
・最高記録めざして
・一発勝負
・きん張感
・みんなで一体感
・目標に向かって
・心ぞうドキドキ
・ラストの5秒
・心通じる
・本気
・すばやく入る
・アスリートみたい

【かおるさんの短歌】

はじめよう今日もみんなで八の字を
記録めざして長なわ遊び

【谷さんの意見】

　どのような場面なのかはわかりましたよ。表現を工夫すると，場面の様子やかおるさんの気持ちが，もっと伝わると思いますよ。「長なわ遊び」を別の言葉に書き直してみるとよいのではないでしょうか。

（1）かおるさんたちは，短歌をつくる参考にするために5つの短歌について，【短歌の表現のよさについての交流】を行いました。次の問いア〜ウに答えましょう。

　ア　かおるさんは，しのぶさんの「短歌の五・七・五・七・七に合わせて声に出して読んでみました」という言葉を聞いて，読みやすいように，五音と七音の句切れに線（／）を引いて，声に出して読んでみることにしました。解答用紙の【例】のように，③の短歌の句切れに線（／）を引きましょう。

　イ　かおるさんは，【　a　】と【　b　】で短歌から想像した様子や伝わってきた気持ちについて，また，【　c　】で擬音語の効果について発言しました。【　a　】と【　b　】に入る適切な言葉を，それぞれの短歌の┈┈┈から8文字以内でぬき出して書きましょう。また，【　c　】に入る適切な言葉を，5字以上10字以内で考えて書きましょう。

　ウ　かおるさんは，あきらさんの「木の葉が風にふかれる様子を『おどり出す』と例えています」という言葉を聞いて，例えが使われている短歌が他にもあることに気付きました。例えが使われている短歌を，①〜④の中から全て選び，番号で答えましょう。

（2）かおるさんは，短歌の題材を決めるために，「楽しいこと」というテーマについての考えを【かおるさんのメモ】に工夫してまとめました。かおるさんの工夫として最も適切なものを，次のA〜Dから1つ選び，記号で答えましょう。

　A　2つの事がらについて，共通する特ちょうとそれぞれの特ちょうを分類している。
　B　複数の事がらについて，似ているものどうしをグループにして名前を付けている。
　C　1つの事がらについて，そこから考えや物事をつないだり，広げたりしている。
　D　時間や事がらの順序にそって書き出し，進め方や順序，今の位置を確かめている。

（3）かおるさんは，歌会で【かおるさんの短歌】を発表しました。すると，谷さんから【谷さんの意見】をもらいました。そこで，かおるさんは，【短歌の表現のよさについての交流】を思い出したり，【かおるさんのメモ】を見直したりしながら，【かおるさんの短歌】の「長なわ遊び」を別の言葉にすることにしました。あなたなら，どの言葉にしますか。【かおるさんのメモ】にある「心通じる」，「ラストの5秒」，「アスリートみたい」の中から1つ選び，解答らんに書きましょう。また，その言葉を選んだ理由を，次の〈条件〉に合わせて書きましょう。

　〈条件〉・「感じたこと」，「数字」，「例え」のいずれかの言葉を使って書くこと。
　　　　　・30字以上50字以内で書くこと。

（4）かおるさんは，歌会の最後に，短歌サークルの方に次のような【お礼のあいさつ】をしました。このあいさつのよいところを，次のA〜Dから2つ選び，記号で答えましょう。

【お礼のあいさつ】

　今日は，さまざまな見方や感じ方を知ることができ，とても楽しかったです。共感できる短歌がたくさんありました。また，わたしたちの短歌にアドバイスをくださったおかげで，とてもよい短歌をつくることができました。歌会をいっしょにしてくださってありがとうございました。

　A　敬語を使って感謝の気持ちを述べているところ。
　B　同じ言葉で，くり返し感謝を述べているところ。
　C　感謝している内容を具体的に述べているところ。
　D　短歌を一首取り上げて感謝を述べているところ。

（5）「楽しいこと」というテーマで，あなたならどのような短歌をつくりますか。次の〈条件〉に合わせて一首つくりましょう。

　〈条件〉・学校生活の中での「楽しいこと」を取り上げて短歌にすること。
　　　　　・短歌のリズムに合わせて三十一音でつくること。ただし，一音か二音は多くても少なくてもよいこととする。

令和４年度山口県立中等教育学校及び中学校　入学者選抜選考検査　記述式の課題２　解答用紙

受検番号	

○　○　○　○（配点非公表）

問題　1

（1）①　　人　②　　人

③ あ　　い　　う

（2）①　　人　②

（3）　　通り

（4）　　個

（5）（求め方）

（答え）　　cm

問題　2

（1）①

明るさ		温度	

②

③

（2）①

②　　g

（3）①

②

令和４年度山口県立中等教育学校及（およ）び中学校　入学者選抜（せんばつ）選考検査　記述式の課題１　解答用紙

受検番号	

○　○　○　○（配点非公表）

問題　1

（１）

（２）

a		b	
c			

（３）

80字

100字

（４）

（５）

問題　2

（１）①　あ

②　③

（２）①

②

リデュース		リユース		リサイクル	

（３）

（４）

100字

200字

こうきさんたちのクラスでは，社会見学で３つの施設に見学に行きました。あとの問い（１）～（３）に答えましょう。

（１）　博物館では，オリンピックに関する資料が展示してあります。こうきさんは，図１の採火式の様子の写真を見て，かすみさんと話をしています。あとの問い①～③に答えましょう。

図１　採火式の様子

公益財団法人東京オリンピック・パラリンピック
競技大会組織委員会ウェブサイトから

こうき：反射した光で火がつくなんてびっくりだね。
かすみ：そうだね。反射した光が１か所に集まっているからだろうね。
こうき：そういえば，理科の授業で鏡を使って光を反射させる勉強をしたよね。

①　見学した次の日，こうきさんは友達と光の集まり方で明るさや温度がどのように変化するか調べるために，次の【実験】をすることにしました。

図２　実験の様子

【実験】
実験a　右のような鏡を１枚使って，はね返した日光を図２のまとに３分間当てる。
実験b　実験aのすぐ後に，実験aの鏡と同じものを４枚準備し，図２のようにまとに光を集め，３分間当てる。

【実験で使う鏡】

図３　光を地面に当てたときの様子
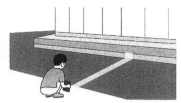

　実験bでは，実験aと比べて明るさと温度はどのように変化するか，明るさをア～ウの中から，温度をエ～カの中からそれぞれ１つずつ選び，記号で答えましょう。
明るさ　（ア　明るくなる　イ　暗くなる　ウ　変わらない）
温度　　（エ　高くなる　　オ　低くなる　カ　変わらない）

②　こうきさんは，実験aで使った鏡を使って，反射した光がどのように進むか調べることにしました。図３は，建物のかげになっている場所で，鏡に反射させた光を地面に当てたときの様子です。図３の光の道すじの様子から，光にはどのような性質があるか答えましょう。

③　こうきさんは，光に関することを調べる中で，鏡に自分の姿が見えることも光の反射によるものだということがわかりました。次のア～カの中で，光の反射で説明できるものを３つ選び，記号で答えましょう。
ア　タブレットたん末の画面でウェブサイトが見える　　イ　水たまりに雲が見える　　ウ　西の空に太陽が見える
エ　車のバックミラーに後ろの車が見える　　オ　ろうそくのほのおが見える　　カ　空に満月が見える

（２）　塩田資料館では，塩づくり体験をしたり，ガイドさんの説明を聞いたりすることができます。たかしさんは図４のような塩田を復元した施設の様子を見ながらガイドさんと話をしています。あとの問い①，②に答えましょう。

図４　塩田を復元した施設
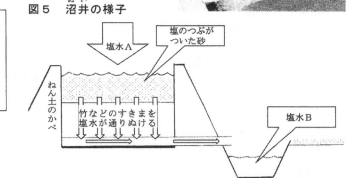

たかし：わぁ，すごく広い砂場みたいだ。
ガイド：この施設は塩田を復元したもので，塩田は海水から塩を作るために使われました。
たかし：ぼくは，塩を外で作っていたことにおどろきました。
ガイド：この塩田は，太陽熱と風で海水の水分を蒸発させ，塩のつぶを砂につけるしくみになっています。塩のつぶがついた砂は，沼井に集めます。

【塩田で塩を作る工程】
a　塩田の砂に，海水をしみこませる。
b　太陽熱や風で海水の水分を蒸発させ，砂に塩のつぶをつける。
c　沼井（図５）と呼ばれる装置の中に，塩のつぶがついた砂を入れる。
d　沼井に入れた砂に，上から塩水Aをかける。
e　沼井の下から出てきた塩水Bを集め，ろ過する。
f　ろ過した塩水を加熱し，水分を蒸発させる。

図５　沼井の様子

①　たかしさんは，塩田で海水から塩を作るには，【塩田で塩を作る工程】の手順で行えばよいことがわかりました。図５は，沼井の様子を図で示したものです。図５の塩水Aと塩水Bを比べたとき，２つの塩水にはどのようなちがいがあるか，理由もふくめて説明しましょう。

②　理科の時間に，食塩水から塩を取り出す実験をしたことを思い出したたかしさんは，週末に家の人といっしょに海水から塩を作ってみようと考えています。ガイドさんの説明によると，海水にふくまれる塩の割合は，およそ３％だそうです。海水から取れる塩の量を海水の重さの３％とすると，15ｇの塩を海水から作るには，海水が何ｇ必要か答えましょう。

（３）　植物園では，様々な植物を見たり，ガイドさんの説明を聞いたりすることができます。みさとさんは，「植物は，見方によっていろいろなおもしろさがある。」というガイドさんの言葉に興味をもちました。あとの問い①，②に答えましょう。

図６　ホウセンカ
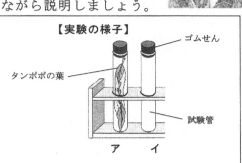

①　ガイドさんは，多くの植物は，図６のホウセンカのように上から見ると葉がくきを中心に，上の葉と重ならないようについていることを説明しました。葉が，上と下とで重ならないようについていることにより，どのような利点があるか説明しましょう。

②　みさとさんは，葉の働きを確かめるために次の【実験】を行いました。【実験結果】のように，試験管アの石灰水の色が変化しなかった理由を，試験管の中の気体の変化にふれながら説明しましょう。

【実験】
❶　右の【実験の様子】のように，採ってすぐのタンポポの葉を入れた試験管アと，葉を入れない試験管イを用意する。
❷　ア，イの両方に，ストローで息をふき込み，ゴムせんでふたをする。
❸　30分間，日光に当てる。
❹　ゴムせんをとって両方の試験管に石灰水を入れ，ゴムせんでふたをしてよくふる。

【実験の様子】

【実験結果】
・　試験管ア…石灰水の色は変わらなかった。（無色）
・　試験管イ…石灰水は白くにごった。

解答は全て解答用紙に書きましょう。

問題1

かよさんたちの住んでいる地域では，地域で行われる「ふるさと祭り」の企画・運営に小学生が参加しています。あとの問い（1）〜（5）に答えましょう。

（1）かよさんとけんじさんは，地域の方と今年から始めるカフェコーナーを担当しています。あとの問い①〜③に答えましょう。

① かよさんは，はん売予定のイチゴケーキとチョコレートケーキでは，どちらの方が人気があるか調べるよう地域の方にたのまれて，クラスでアンケートをとりました。アンケートでは，クラスの児童34人全員に，イチゴケーキとチョコレートケーキのうちどちらか好きなケーキを1つ選んでもらい，右のように結果をまとめました。この結果から，女子のうちチョコレートケーキを選んだ人数は何人か答えましょう。

結果
- イチゴケーキを選んだ男子は8人
- イチゴケーキを選んだ男子と女子の合計は19人
- このクラスの男子の合計は18人

② けんじさんは，カフェコーナーのテーブル席を，最初は図1のように6人がけにして，テーブル席を14台設置する予定でしたが，なるべく1つのテーブルの人数を減らした方がよいというアドバイスを地域の方にいただき，図2のような4人がけにすることにしました。全てのいすに1人ずつ座った場合，6人がけのテーブル席14台と4人がけのテーブル席14台に座れる人数の差は何人か答えましょう。

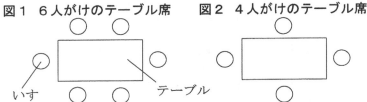

図1　6人がけのテーブル席　　図2　4人がけのテーブル席

いす　　　　　　　　　テーブル

③ かよさんとけんじさんは，イチゴケーキ100個とチョコレートケーキ100個を用意し，飲み放題のジュースを加えたケーキセットをはん売することを考えています。次の会話文の（あ）〜（う）に当てはまる数を書きましょう。

かよ：ケーキ1個とジュースを「ケーキセット」として450円，2種類のケーキ1個ずつとジュースを「よくばりケーキセット」として700円ではん売しようと思うけれど，どうかな。
けんじ：よくばりっていう名前がいいね。「よくばりケーキセット」がたくさん売れた方が売上金は高くなるのかな。
かよ：「よくばりケーキセット」を50セットつくる場合，残りのケーキで「ケーキセット」を100セットつくることができるので，全部売れたとすると売上金は（あ）円だね。また，「よくばりケーキセット」を75セットつくる場合，「ケーキセット」を（い）セットつくることができるので，全部売れたとすると売上金は（う）円になるね。
けんじ：なるほど。よく考えてはん売しないといけないね。

（2）やよいさんは，過去5年の「ふるさと祭り」の来場者の年齢層について調べています。表1は，それぞれの年齢層の来場者の割合で，表2は表1の0歳から19歳までを学校の種類別の来場者の割合にまとめたものです。あとの問い①，②に答えましょう。

① 全ての来場者数を1000人とすると，小学生は何人か答えましょう。

② やよいさんは，2つの表からわかることを次のア〜エのようにまとめました。ア〜エの中には1つだけ誤りがあります。誤りがあるものを1つ選び，記号で答えましょう。
ア　小学生の来場者数は，中学生の来場者数の1.5倍より多い
イ　20歳から39歳までの来場者数は，40歳から59歳までの来場者数より少ない
ウ　中学生の来場者数は，20歳から39歳までの来場者数より多い
エ　小学生の来場者数は，40歳から59歳までの来場者数より少ない

表1　それぞれの年齢層の来場者の割合

年齢層（歳）	0〜19	20〜39	40〜59	60〜
割合（%）	42	19	27	12

表2　0歳から19歳までの学校の種類別の来場者の割合

来場者	小学生	中学生	高校生	大学生	その他
割合（%）	40	25	10	5	20

（3）はるきさんは，パンフレット作成を担当しており，来場者が楽しめるパンフレットづくりについて，地域の方と考えています。今年は，パンフレットに図3のようなくじの枠を設け，次の【ルール】で3けたの整数の番号をつくってもらい，「ふるさと祭り」の閉会行事で当たりくじの番号を発表することにしました。

【ルール】・図3のア〜ウの3つの枠に1つずつ1〜9の数字を入れ，3けたの整数の番号をつくる。例えば，図4の場合の番号は153になる。
・ア〜ウに入れる数字には，同じ数字を何度使ってもよい。

はるきさんは，くじの番号が5の倍数のとき当たりにすることを考えています。このとき，当たりくじの番号は何通りあるか答えましょう。

図3　くじの枠

ア	イ	ウ

図4　番号の例

ア	イ	ウ
1	5	3

（4）まみさんは，来場者にもちを配るイベントを担当しており，もち2000個を配る係の人数について検とうしています。昨年は地域の方2人で1000個ずつ配ってもらいましたが，配るのが大変だったため，もちを配る係の人数を見直そうと思っています。1人が配るもちの個数を等しくするとき，もちを配る係の人数を昨年の4倍にすると，1人が配る個数はいくつずつになるか答えましょう。

（5）かなさんとたろうさんは，地域の写真展コーナーを担当しています。毎年，あまり大きな部屋を割り当てられていないことから，今年は人が集まることをさけるために，インターネットで見られるようにしようと考えています。写真展のウェブサイトで，かなさんの学校の卒業生である校長先生の小学生のころの写真を図5のように紹介する予定です。かなさんとたろうさんは写真の様子から校長先生の身長について話しています。次の会話文の（あ）に当てはまる数の求め方を言葉と式を使って説明し，答えを書きましょう。

図5　校長先生の小学生のころの写真

放送室

かな：校長先生は，小学生のころから身長が高かったとおっしゃっていたね。
たろう：そうだね。放送室の入口に立っているから入口の高さがわかれば求められそうだね。
かな：実際の入口の高さは180cmだよ。画面では入口の高さが12cm，校長先生は11cmだよ。
たろう：入口の長さを12cm，校長先生を11cmとして計算すると，小学生のころの校長先生の身長は（あ）cmと求められるね。

あおいさんの学級では，2021年に開催された東京オリンピック・パラリンピックを通して海外に発信された日本のよさに着目し，自分たちのくらしを見つめなおす学習を総合的な学習の時間に行っています。次の【学級で出された意見】は，授業の最初に，海外に発信された日本のよさについてまとめられたものです。あとの問い（1）～（4）に答えましょう。

【学級で出された意見】

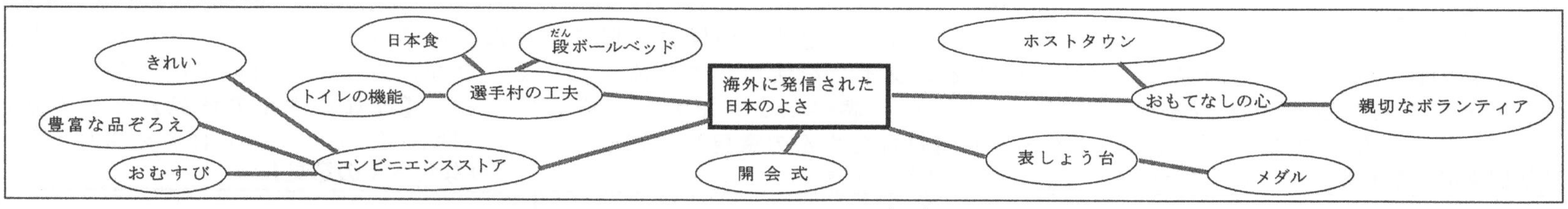

- きれい
- 日本食
- 段ボールベッド
- ホストタウン
- 豊富な品ぞろえ
- トイレの機能
- 選手村の工夫
- 海外に発信された日本のよさ
- おもてなしの心
- 親切なボランティア
- おむすび
- コンビニエンスストア
- 開会式
- 表しょう台
- メダル

※ホストタウン：オリンピック・パラリンピックに参加する国や地域をサポートし，交流を図る都道府県や市区町村

（1）あおいさんは，【学級で出された意見】の中のホストタウンに興味をもち，山口県と外国との交流について調べました。次の文章は，そのことについて学級の友達と話した会話の一部です。これを読んで，あとの問い①～③に答えましょう。

あおい：山口県はスペインのホストタウンになっていたね。安土桃山時代に，フランシスコ・ザビエルが山口を訪れたことがホストタウンになったきっかけのようだよ。

ひまり：ザビエルが山口に来たのはキリスト教を広めるためだったと授業で勉強したね。

あおい：ザビエルのような宣教師のことを調べたときに，織田信長に許可を得た宣教師は各地に学校や病院を建てて，困っている人のくらしを助けていたこともわかったよね。

ひまり：東大寺の大仏づくりのときに活やくした行基も，仏教を広めるだけでなく，道路や橋，ため池をつくって農民のくらしを助けていたね。

あおい：信長に許可を得た宣教師や行基に共通するのは，教えを広めるだけでなく（　あ　）という点だね。

ひまり：そういえば，仏教も外国から入ってきているね。昔は海をわたって日本に来るだけでも大変だっただろうけど，今は図1のように観光で日本を訪れることもできるよね。

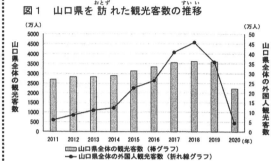

図1　山口県を訪れた観光客数の推移

□□山口県全体の観光客数（棒グラフ）
—●—山口県全体の外国人観光客数（折れ線グラフ）

（山口県観光スポーツ文化部観光政策課資料により作成）

① 会話中の（　あ　）に当てはまる共通点を文章で答えましょう。

② 図1は山口県を訪れた観光客数の推移について調べたものです。図1から読み取ることのできる内容として正しいものを，次のア～エから1つ選び，記号で答えましょう。
ア　山口県全体の観光客数は2011年と2018年を比べると9倍に増えた。
イ　山口県全体の観光客数は年々増加し，2018年にはじめて45万人をこえた。
ウ　2018年に山口県を訪れた外国人観光客の約75％はアジア出身者である。
エ　前年と比べて外国人観光客数の差が一番大きいのは2020年である。

③ あおいさんは，2020年に減少した観光客数を回復させるために，外国から訪れる人に山口県のよさを紹介したいと考え，きららビーチを紹介する【英文】を作成しました。（　）に当てはまる英語として最も適切なものを，下の【語群】のア～エから1つ選び，記号で答えましょう。

【きららビーチの夕日】

【英文】Welcome to Yamaguchi. This is Kirara beach. You can see beautiful sunsets.
You can （　）grape ice cream. It's delicious.
（注）sunsets：夕日

【語群】ア eat　イ play　ウ jump　エ swim

（2）たけしさんは，【学級で出された意見】にあげられた製品の原料を調べて図2の表を作成しました。あとの問い①，②に答えましょう。

① 製品を図2のような原料で製作した理由として考えられることを，図3と図4をもとに説明しましょう。

② たけしさんは環境を守るために自分にもできることはないかと考え，下のア～エを心がけることにしました。ア～エは，リデュース（ごみをへらす），リユース（くりかえし使う），リサイクル（ちがうものにつくりかえて再び使う）のどれに分類できますか。ア～エの全てを分類し，最も適切な分類となるよう記号で答えましょう。ただし，記号は1回のみ使います。
ア　資源ごみはきちんと種類ごとに分別して出す。
イ　サイズの合わなくなった服を，弟にゆずる。
ウ　買い物のときに，レジぶくろをもらわない。
エ　牛乳パックなどの回収に協力する。

図2　製品とその製品に使われた原料

製品	メダル	段ボールベッド	表しょう台
製品に使われた原料	けい帯電話に含まれる金属	古紙	使いすてプラスチック容器

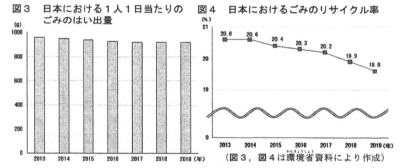

図3　日本における1人1日当たりのごみのはい出量

図4　日本におけるごみのリサイクル率

（図3，図4は環境省資料により作成）

（3）しょうたさんは，1964年の東京オリンピック・パラリンピックのころの日本の様子に興味をもち，図5の表を作成しました。図5から読み取れるくらしの変化として最も適切なものを，次のア～エから1つ選び，記号で答えましょう。
ア　高速道路や新幹線の開通により，家庭に輸入品があふれるようになった。
イ　家庭に広まったテレビの性能に変化は見られなかった。
ウ　公害による健康ひ害が広がり，公害対さくについての法りつができた。
エ　工場のある都市に人が集中し，東京都だけで人口が1億人をこえた。

図5　1960年代の主なできごと

いつごろ	主なできごと
1960年代前半	・白黒テレビ，冷ぞう庫，洗たく機が家庭に広まる。 ・大気おせんなどの公害により健康ひ害が広がる。 ・日本ではじめて高速道路が開通する。 ・東海道新幹線が開通する。
1960年代後半	・自動車，クーラー，カラーテレビが家庭に広まる。 ・日本の人口がはじめて1億人をこえる。 ・公害対さくについての法りつができる。 ・各地で公害のさい判がおこる。

（4）まりこさんは，2021年の東京オリンピック・パラリンピックの様子が，インターネットを通じて多く発信されていることに興味をもちました。インターネットのよさと気を付けなければならない点をそれぞれ取り上げ，インターネットの利用について自分の考えを200字程度で書きましょう。

注意
○　1行目の1マス目から書き始めてください。段落を設けずに続けて書きましょう。
○　書き終えたあと，付け加えたり，けずったりしてもかまいません。そのときは全部消して書き直す必要はありません。次の例のように直しましょう。

（例）

| ま | た | 、 | 今 | ま | で | に | し | て | き | た | こ | と | を | 生かす | こ | と | で |

目標　　　　　　　　　　　　　　　　続ける

解答は全て解答用紙に書きましょう。

問　題　１

　山口県内に住んでいるひなたさんの学級では，総合的な学習の時間に，県外に住んでいる６年生のあきらさんの学級と，おたがいの住んでいる都道府県のことについてオンラインを活用して交流しました。ひなたさんは，山口県にゆかりのある詩人まど・みちおさんの魅力を知ってほしいと思い，調べたことをもとに感じたことを【ひなたさんの意見】として話しました。次の【伝記文の一部】，【まどさんの詩】，【ひなたさんの意見】を読んで，あとの問い（１）～（５）に答えましょう。

【伝記文の一部】※ひなたさんが心に残った部分をぬき出したもの

（谷悦子の文章）

お詫び：著作権上の都合により，掲載しておりません。ご不便をおかけし，誠に申し訳ございません。

（作者：谷悦子『伝記を読もう８　まど・みちお　みんなが歌った童謡の作者』から）

【まどさんの詩】

空気
花のまわりで　花の形 ボールのまわりで　ボールの形 ゆびのまわりで　ゆびの形 そこに　ある物を どんな物でも　そこにあらせて 自分は　よけて その物をそのままそっと包んでいる 自分の形は　なくして その物の形に　なって… まるでこの世のありとあらゆる物が いとおしくてならず その　ひとつひとつに 自分でなってしまいたいかのように

どうして　いつも
太陽 月 星 そして 雨 風 虹 やまびこ ああ　一ばん　ふるいものばかりが どうして　いつも　こんなに 一ばん　あたらしいのだろう

ねこたら　ねごと
ねこたら ねごと ねどこで ねごと ねどこで ねこんで ねぼけて ねごと ねじれた ねこごで ねちねち ねごと

（著者：まど・みちお『まどさん100歳100詩集　まど・みちお詩の本』から）

【ひなたさんの意見】

　みなさんは，音楽の授業で「一ねんせいに　なったら」や「ぞうさん」を歌ったことはありますか。これらの詩を書いたまど・みちおさんは，山口県で生まれました。今日は，まどさんの魅力をみなさんに知ってほしいと思います。

　私は，まどさんの伝記文や詩から，まどさんは，自然の尊さやそのものの思いを，詩を通して私たちに教えてくれていると考えるようになりました。例えば，【　ａ　】という詩を読んでみます。この詩は，自然のものに目を向け，その心を想像していると思いませんか。きっと，様々な感覚を働かせて自然と関わってきたから，このような詩を書く詩人になったのでしょう。

　また，まどさんは，とてもユーモアのある人だと思います。【　ｂ　】という詩を読んでみます。言葉のリズムが楽しくて，何度も声に出して読みたくなります。まどさんの伝記文には，「遊びと楽しさがもたらす心のよゆうが，【　ｃ　】」というまどさんの考えが書かれていました。他にも，「ケムシ」や「なんにもないはなし」など，ユーモラスな詩がたくさんあります。

　ぜひ，まどさんのつくったたくさんの詩を読んで，まどさんの魅力を感じてください。そして，いつかいっしょにまどさんの魅力について語り合いましょう。

（１）ひなたさんは，【伝記文の一部】からどのようなことを読み取り，【ひなたさんの意見】に生かしたのでしょうか。最も適切なものを，次のア～エから１つ選び，記号で答えましょう。

　　ア　まどさんが詩をつくり始めた時期や理由　　　　イ　まどさんの物事に対する見方や感じ方
　　ウ　まどさんと阪田さんの考えのちがうところ　　　エ　「まど・みちお」という名前の由来

（２）ひなたさんは，まどさんの魅力がより伝わると考え，【ひなたさんの意見】の【　ａ　】と【　ｂ　】で【まどさんの詩】から２つを紹介しました。また，【伝記文の一部】から読み取ったことを＿＿＿＿の部分のように述べました。【　ａ　】と【　ｂ　】に入る詩の題名として最も適切なものを，【まどさんの詩】から１つずつ選び，題名を書きましょう。また，【　ｃ　】に入る適切な言葉を，【伝記文の一部】からぬき出して書きましょう。

（３）ひなたさんは，【ひなたさんの意見】を聞いたあきらさんから，「山口県のどこを訪れると，まどさんのことがよくわかりますか」とたずねられました。そこで，次回の交流のために，訪れるとよい場所とそこでできることを調べ，【ひなたさんのメモ】にまとめました。次の〈条件〉に合わせて，次回の交流のときに話すことを考え，書きましょう。

　　〈条件〉・【ひなたさんのメモ】をもとに，訪れるとよい３か所全てについて，場所とそこでできることを書くこと。
　　　　　・できることが似ている場所をまとめて，２文で書くこと。
　　　　　・２文合わせて80字以上100字以内で書くこと。
　　　　　・話すのにふさわしい言葉を用いて書くこと。

【ひなたさんのメモ】

・山口県立図書館…まどさんのつくった詩を読む
・周南市徳山動物園…「ぞうさん」の詩と楽譜が刻まれている石碑を見る
・周南市美術博物館…まどさんのかいた絵を見る

（４）ひなたさんは，外国の人にもまどさんの魅力を伝えたいと思うようになりました。そこで，先生に【ひなたさんの意見】で紹介した「ケムシ」という題名の詩を英語に訳してもらったところ，ひなたさんは「ケムシ」の【日本語と英語訳のちがい】に気付きました。【「ケムシ」の詩】を読み，【日本語と英語訳のちがい】に書かれていること以外のちがいを１つ書きましょう。

【「ケムシ」の詩】

ケムシ さんぱつは　きらい	→	Caterpillar I don't like haircuts

【日本語と英語訳のちがい】

「ケムシ」はCaterpillar，「さんぱつ」はhaircuts，「きらい」はdon't likeのように語句の表し方がちがう

（５）【伝記文の一部】の┈┈┈の部分を読んであなたが考えたことについて，┈┈┈から言葉や文を取り上げて書きましょう。

受 検 番 号	

○　　　　　　　　○　　　　　　　　○　　　　　　○（配点非公表）

問 題 1

（1）①

②

③ | い | 点 | う | 点 |
|---|---|---|---|

（2）（求め方）

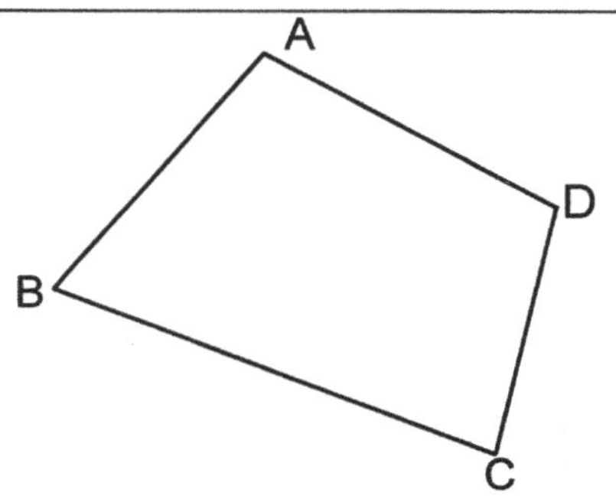

A
D
B
C

（3）

（4）あ　　　　円　い　　　　円　う　　　　円　え

（5）選択した問題の記号A，Bを○で囲みましょう。

選択問題	A	人
	B	試合

問 題 2

（1）①

②（方向）　　　　（長さの変化）

③

（2）①

②　酢　　　　mL　塩　　　　g

（3）選択した問題の記号A，Bを○で囲みましょう。

選択問題	A	①（選んだもの）	（説明）
		②	
	B	①（選んだもの）	（理由）
		②	

令和３年度山口県立中等教育学校及び中学校　入学者選抜選考検査　記述式の課題１　解答用紙

受検番号	

○　○　○　○　（配点非公表）

問題　１

（１）選択した問題の記号Ａ，Ｂを○で囲みましょう。

選択問題		
	Ａ	
	Ｂ	

（２）オノマトペを使うよさは，　　　　　　　　　　　　20字　　　　　　　　　　40字　です。

（３）

（４）

（５）　60字　80字

問題　２

（１）①　あ　　い　　う

②

③

④

土地の活用	
技術の進歩	

（２）選択した問題の記号Ａ，Ｂを○で囲みましょう。

選択問題		
	Ａ	
	Ｂ	

（３）　100字　200字

山口県に住んでいるともみさんは，家族の一員として家事をしています。あとの問い（1）～（3）に答えましょう。

（1）ともみさんと兄のしんいちさんは，朝，庭に出て洗たく物を干しました。あとの問い①～③に
答えましょう。

① ともみさんは，朝，洗たく物を干している時には，洗たく物を干した場所に日光が当たってい
たのに，時間がたつとかげになっていることに気づきました。そこで，ともみさんは棒を垂直に
立てた板を水平な場所に置き，棒のかげの様子の変化を観察することにしました。図1は，正午
の時点のかげの様子を表したものです。図1のかげがのびているaの方角は，東，西，南，北の
うち，どれか答えましょう。

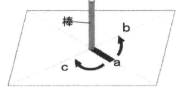

図1 正午の棒のかげの様子

② ともみさんは，午後4時に棒のかげを観察しました。かげは，図1
のb，cのどちらの方向に動いているか，記号で答えましょう。また，
かげの長さは，正午のかげの長さと比べてどのように変化しているか
答えましょう。

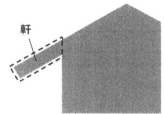

図2 屋根の軒

③ ともみさんは，兄のしんいちさんから，屋根の軒（図2）の役割の
1つに，夏の強い日差しが室内に入ることを防ぐはたらきがあること
を聞きました。図3は，ある夏の日の正午に，日光が家にふりそそぐ
様子を表したものです。図3で，点dの場所が日なたになるのは，軒
の長さがどのくらいのときですか。図3のア～エから適切なものを全
て選び，記号で答えましょう。

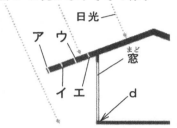

図3 日光がふりそそぐ様子

（2）ともみさんとお父さんは，昼食のサラダの野菜について話をしています。あとの問い①，②に答えましょう。

> ともみ：このレタスは，リーフレタスっていうんだね。ふくろの表示を見ると工場で育てられているみたい。植物は日光に当て
> ると，よく成長すると学習したけれど，工場などの屋内でも育てることができるんだね。
> 父　：日光の代わりに，電灯やLEDの光を当てて育てるところもあるそうだよ。

① ともみさんは，電灯の光だけで植物が育つのか確かめてみたくなり，【レタスを育てる実験の条件】のように，aとbの2種類
の条件でレタスを育ててみることにしました。図4の方法を兄のしんいちさんに相談したところ，「この実験方法では，電灯の光
だけで植物が育つかを調べたことにはならないよ。」と言われました。この実験方法には，どのような改善が必要となるか，理由
をつけて説明しましょう。

【レタスを育てる実験の条件】

	a	b
変える条件	・おおいの箱をかぶせない	・おおいの箱をかぶせる
同じにする条件	・土の入ったはちに植える ・日光が入る部屋に置く ・部屋の温度は約20℃にたもつ ・肥料を混ぜた水を与える	

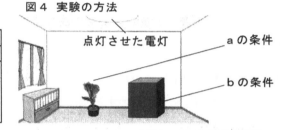

図4 実験の方法
点灯させた電灯
aの条件
bの条件

② ともみさんは，サラダのドレッシングを作るために，【ドレッシングの材料】を1つの容器に入
れ，よく混ぜ合わせました。ドレッシングがおいしかったので，たくさん作ろうと思い，100mLの
オリーブオイルを用意しました。100mLのオリーブオイルを全部使って，最初に作ったドレッシン
グと同じものを作るためには，酢と塩がどれだけ必要か答えましょう。

【ドレッシングの材料】

酢	20mL
オリーブオイル	40mL
塩	5g

（3）次の選択問題A，選択問題Bのうち，どちらか1つを選択して答えましょう。

選択問題A

ともみさんは，お父さんと家の近くの川原に犬の散歩に行きました。ともみさんは，図5のような
石や砂を見つけ，お父さんと話をしています。あとの問い①，②に答えましょう。

図5 川原にあった石や砂

> ともみ：ここにある石は，どれも丸くてすべすべしているね。
> 父　：そうだね。ここは海に近い場所だから，石の大きさも小さいものが多く，砂もたくさん
> あるね。
> ともみ：この前，遠足に行ったときに見た川とは，ちょっと様子がちがうよ。
> 父　：どんなところがちがうと思ったの。

① 図6は，川のかたむきの様子を表したグラフです。aの地点は，ともみさんが遠足に行ったと
きに見た川の場所を示しています。aの地点がどのような場所か，次のア～エから1つ選び，記
号で答えましょう。また，aの地点にある石の大きさと形について説明しましょう。
　ア　海の近く（下流）　　　イ　平地（中流）
　ウ　山の中（上流）　　　エ　海への出口（河口）

② ともみさんの家の近くの川原では，図5のような丸い石が多く見られます。海に近い川原の石
は，どのようにして丸くなったか，説明しましょう。

図6 川のかたむきの様子

選択問題B

ともみさんは，お父さんと家の近くの川原に犬の散歩に行きました。散歩の途中に，ともみさんは庭でバーベキューの片付けを
しているたかしさんと出会い，話をしています。たかしさんは，火のついた大きな炭を図7のような金属でできた容器に移し，密閉
できる金属のふたをしました。あとの問い①，②に答えましょう。

図7 金属の容器

> ともみ：こんにちは，たかしさん。何をしているの。
> たかし：バーベキューの片付けをしているんだ。まだ火のついている炭を容器に移して，その後にふたを
> するんだよ。
> ともみ：入れた炭はどうなるの。

① ともみさんは，たかしさんとの会話で，入れた炭がどのようになるか聞いています。炭はどのようになる
か，次のア～エから1つ選び，記号で答えましょう。また，そのようになる理由を説明しましょう。
　ア　炭は全て灰になる　　　　　イ　炭は全て二酸化炭素になる
　ウ　炭は全てけむりになる　　　エ　炭はほとんど形を残す

② ともみさんは，以前，「地面に生えている木は，切ってすぐに燃やそうとしても燃えにくい。」ということを地域の人が言ってい
たのを思い出しました。切ったばかりの木が燃えにくいことの理由を説明しましょう。

解答は全て解答用紙に書きましょう。

問題　１

のりこさんたちの住んでいる地域では，４色の組別対抗で行われる地域スポーツフェスティバル（体育祭）の企画・運営に小学生が参加しています。あとの問い（１）～（５）に答えましょう。

（１）　のりこさんとまさおさんは，１レース６人の10レースで行う徒競走を担当しており，**表１**と**表２**をもとに配点について話し合っています。あとの問い①～③に答えましょう。

表１　昨年度の徒競走の順位ごとの配点

	1位	2位	3位	4位以下
配点	10	6	3	1

※配点のルール　1位の配点を最も高くし，以下は順位ごとに配点を低くする。
4位以下は同じ配点にする。

表２　昨年度の各組の徒競走の結果

	順位別の人数				
	1位	2位	3位	4位以下	合計得点
赤組	4	1	1	9	58
白組	3	3	0	9	**あ**
青組	2	3	3	7	54
黄組	1	3	6	5	51

【徒競走の配点の話し合い】

のりこ：昨年度は，赤組の合計得点が一番高かったよ。でも１位から３位までの人数では黄組が一番多いのに，黄組は合計得点が一番低かったよ。配点を見直してはどうかな。

まさお：そうだね。**表１**の配点を変えて，各組の順位が入れかわるか考えてみよう。

のりこ：それでは，まず，１位の10点，４位以下の１点は変えずに２位と３位の配点をどうすればよいか考えてみよう。青組より黄組の合計得点の方が高くなることはあるのかな。

まさお：２位の配点だけを変えても青組と黄組の順位は入れかわらないよ。

のりこ：たしかにそうだね。３位の配点を４点に変えれば，青組と黄組の合計得点は同点になるね。では，赤組より黄組の合計得点の方が高くなることはあるのかな。

まさお：例えば，２位（　い　）点，３位（　う　）点の場合はどうだろう。

のりこ：それなら赤組より黄組の合計得点が高くなるね。配点次第で各組の順位も変わるんだね。

①　昨年度の配点が**表１**の場合，**表２**の**あ**に当てはまる数を答えましょう。

②　まさおさんが「２位の配点だけを変えても青組と黄組の順位は入れかわらないよ。」と言っていますが，その理由を**表１**や**表２**の中の数や言葉を使って説明しましょう。

③　【徒競走の配点の話し合い】の（　い　），（　う　）に当てはまる整数の組み合わせを１つ答えましょう。

（２）　ひろきさんは，体育祭を観戦する場所の割りふりを担当しています。多くの区画は，長方形ですが，中には，長方形ではない四角形もあります。ひろきさんは，観戦する場所の形がちがうのは仕方ないけれど，面積は等しくなるようにしたいと考えています。そこで，長方形ではない区画の面積の求め方について，**図１**のように，区画と同じ形に紙を切って作った四角形ＡＢＣＤの上で考えることにしました。この四角形ＡＢＣＤの面積は，どこの長さを測れば求められますか。解答用紙に，必要な線，文字，記号を書きこみ，面積の求め方を説明しましょう。

図１

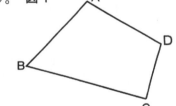

（３）　なおきさんは，障害物競走を担当しています。今年度は，レースをおもしろくするために，障害物の１つに簡単なパズルを入れることを検とうしています。なおきさんは，下の４つのブロック**ア**～**エ**を全て使って，**図２**の正方形の箱にぴったりとおさめるパズルを提案しようと考え，試してみるといくつかの答えがあることがわかりました。下の**エ**のブロックを**図３**のしゃ線の位置に置いたとき，パズルを完成させるには☆のマスには置けないブロックがあることに気づきました。☆のマスには置けないブロックを下の**ア**～**ウ**の中から１つ選び，記号で答えましょう。ただし，**ア**～**ウ**のブロックはうら返して使ってもかまいません。

図２　　　　図３

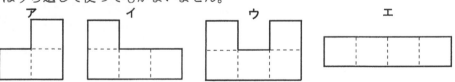

（４）　まみさんとかずきさんは，地域の方と用具係を担当しており，いくつかの競技で使うはちまきをインターネットショッピングで買おうと考えています。**図４**は，はちまきを買うために検さくした画面であり，Ａ店～Ｃ店の中から１つの店を選び，できるだけ安く買いたいと考えています。【はちまきを買うための話し合い】の（　あ　）～（　え　）に当てはまる数や文字を書きましょう。

図４　インターネットの画面

	インターネットショッピング		カート
販売店	1本の価格	割引サービス	配送料
Ａ店	130円	30本以上買うとはちまきの代金から10%割引	500円
Ｂ店	135円	70本以上買うとはちまきの代金から15%割引	800円
Ｃ店	140円	90本以上買うとはちまきの代金から20%割引	700円

【はちまきを買うための話し合い】

ま　み：10本買う場合，はちまきの代金と配送料をあわせると，Ａ店は（　あ　）円，Ｂ店は（　い　）円，Ｃ店は（　う　）円になるね。

かずき：そうだね。はちまきは100本必要なので，割引サービスのことも考えなければならないね。

ま　み：100本買う場合は（　え　）店が一番安く買えるね。

（５）　次の選択問題Ａ，選択問題Ｂのうち，どちらか１つを選択して答えましょう。

選択問題Ａ

なつみさんは，受付係を担当しており，入場者に配布するプログラムの必要枚数について検とうしています。今年度の入場者数を予測するために過去の入場者数について調べたところ，昨年度まで過去10年間の入場者の平均は853人でした。しかし，昨年度だけは雨だったので，入場者数は430人と少なかったことがわかりました。そこで，なつみさんは，昨年度を除いた入場者数の平均について調べた方がよいと考えています。昨年度を除いた入場者数の平均を答えましょう。

選択問題Ｂ

しんじさんは，つな引きを担当しており，試合数について検とうしています。赤組，白組，青組，黄組の４つの組が，どの組もちがった組とそれぞれ１回ずつ試合をする場合，全部で何試合あるか答えましょう。

　まさるさんたちは，地域の農業祭りに協力することになりました。そこで，授業で食生活について調べたことを生かして，自分たちが協力できることを考えました。次の，まさるさんたちが調べた【日本の食生活についての記事】を読んで，あとの問い（1）～（3）に答えましょう。

【日本の食生活についての記事】

　　日本では第二次世界大戦後，食生活の洋風化が急速に進みました。昔から主食として食べられてきた米の消費量は減少し，使われていない水田が増える理由の1つになっています。そこで，使われていない水田を減らすために，米粉を作る水田として利用する取組が進められています。
　　米粉は，米を粉にしたもので，昔からせんべいや和菓子に使われてきました。近年では，米をさらに細かくする技術が進み，パンやケーキ，めんなども米粉で作ることができるようになりました。もちもち，しっとりとした食感が特徴です。　　（農林水産省資料により作成）

（1）まさるさんたちは，農業祭りに出店するお店のうち，米粉を使うお店を手伝うことになりました。次の文章は，それぞれが調べた図や表をもとに話し合っている会話の一部です。これを読んで，あとの問い①～④に答えましょう。

まさる：米粉を使うお店で，お客さんに喜んでもらうために何かできないかな。

たかし：この前，授業で読んだ記事に，お米は，昔から日本人の主食なのに，お米の【　あ　】が減っていると書いてあったよ。米粉を使った商品を売る以外にも，米粉を使った料理のレシピを考えて紹介しよう。

えりこ：最近は，米粉で作ったパンやケーキの人気が出ているみたいだから，お客さんが喜ぶと思うよ。図1を見ると，2009年に約5千トンだった米粉の利用量が，【　い　】年には，約3万6千トンになっているよ。2009年と比べると，利用量は，約【　う　】倍になっているね。

ゆかり：他にも特設コーナーを作って，お客さんに米作りに興味をもってもらいたいな。米作りの歴史や将来の米作りについて紹介する展示物を作ろうかな。

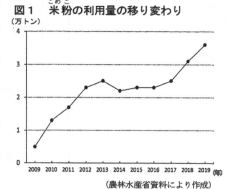

図1　米粉の利用量の移り変わり
（万トン）
（農林水産省資料により作成）

表1　水田の種類別の面積
（単位：万ha）

	主食用米	加工用米	米粉用米
2009年	159.2	2.6	0.2
2019年	137.9	4.7	0.5

※加工用米：みそ，玄米茶などに用いられる米

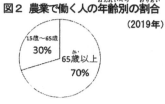

図2　農業で働く人の年齢別の割合
（2019年）
15歳～65歳　30%
65歳以上　70%

① 【　あ　】～【　う　】に当てはまる言葉や数をそれぞれ答えましょう。ただし，【　あ　】は，【日本の食生活についての記事】の中の言葉を使って答えましょう。また，【　う　】は整数で答えましょう。

② 表1から読み取ることのできる内容として正しいものを，次のア～エの中から1つ選び，記号で答えましょう。
　ア　2009年の種類別の面積を見ると，「米粉用米」の水田の面積の割合は，全ての水田の90%を超えている。
　イ　2009年と2019年の種類別の面積を比べると，「主食用米」の水田の面積が最も増えている。
　ウ　2009年と2019年の種類別の面積を比べると，「加工用米」の水田の面積が1.5倍以上に増えている。
　エ　2019年の種類別の面積を見ると，「加工用米」の水田の面積の割合は，全ての水田の90%を超えている。

③ 2019年の農業で働く人の数は，全国でおよそ140万人です。図2をもとに，2019年の「65歳以上」の農業で働く人の数を求める式を書きましょう。（計算の答えを書く必要はありません。）

④ 図1を見ると，米粉の利用量が増えていることが分かります。【日本の食生活についての記事】や表1を参考にして，米粉の利用量が増えている理由を「土地の活用」と「技術の進歩」という2つの面からそれぞれ書きましょう。

（2）次の選択問題A，選択問題Bのうち，どちらか1つを選択して答えましょう。

選択問題A
　地域の農業祭りの特設コーナーで，米作りについて紹介したいと考えたえりこさんは，米作りの歴史について調べ，メモにまとめました。図3は縄文時代に，図4は弥生時代に主に使われていた道具です。図3，図4，【えりこさんのメモ】を参考にして，2つの時代のくらしがどのように変化したか説明しましょう。

図3　縄文時代の道具（矢じり）
（市原市埋蔵文化財調査センターウェブサイトから）

図4　弥生時代の道具（石包丁）
（米子市埋蔵文化財センターウェブサイトから）

【えりこさんのメモ】
・米作りが始まる前は，木の実を集めたり，矢じりなどの道具を使って動物や魚をとったりして食料をとっていた。
・米作りは九州の北部から東日本へと広がっていった。
・米を作るために，水田作り，田植えなど多くの人手が必要になった。
・米作りが始まり，石包丁を使って稲の穂をかりとった。
・たくわえた米などをめぐり，むらどうしで争うこともあった。
・米作りが進歩すると，牛や馬を使って農地を耕すようになった。

選択問題B
　地域の農業祭りの特設コーナーで，これからの農業について紹介したいと考えたゆかりさんは，農業の現状について調べ，メモにまとめました。図5は現在の草かりの様子，図6は開発中の無人草かり機のイラストです。図5，図6，【ゆかりさんのメモ】を参考にして，無人草かり機などの最新技術を活用する前と後で農作業がどのように変化するか説明しましょう。

図5　現在の草かりの様子
（農林水産省ウェブサイトから）

図6　開発中の無人草かり機
（農林水産省ウェブサイトから）

【ゆかりさんのメモ】
・現在の草かりなどの農作業は，時間がかかり，多くの人手が必要である。
・農業で働く人が減っており，高齢化が進んでいる。
・ドローンや自動運転トラクターなどが農作業に使われ始めている。
・味がよく，品質のよいブランド米の開発が行われている。
・草かりに人手を必要としない無人草かり機が開発されている。
・コンピューターを使った水やりやビニールハウスの温度管理が行われている。

（3）まさるさんは，日本の食生活は豊かである一方，様々な問題点もあると言われていることに興味をもちました。日本の食生活の豊かさと問題点を表す例をそれぞれ1つずつ取り上げ，食生活に対する自分の考えを200字程度で書きましょう。

　─　注　意　─
○　1行目の1マス目から書き始めてください。段落を設けずに続けて書きましょう。
○　書き終えたあと，付け加えたり，けずったりしてもかまいません。そのときは全部消して書き直す必要はありません。次の例のように直しましょう。

（例）
							目標								続ける					
ま	た	、	今	ま	で	に	し	て	き	た	こ	と	を	~~生~~	~~か~~	~~す~~	こ	と	で	

解答は全て解答用紙に書きましょう。

問題 1

　かなこさんの学級では，国語の時間に，「言葉」というテーマで調べたり考えたりしたことを意見文にまとめ，学習発表会で発表することにしました。かなこさんは，オノマトペについて調べたことをもとに意見文を書きました。次の，かなこさんが読んだ【本の一部】，かなこさんが調べたことをまとめた【ノート】，かなこさんの【意見文】を読んで，あとの問い（1）～（5）に答えましょう。

【本の一部】

「オノマトペ」ってなに？～「感じ」をもっと伝える言葉～

　「オノマトペ」とは，ドアをたたく音「コンコン」やネコの鳴き声「ニャー」のような，ものの音や動物の鳴き声を人間の声であらわした言葉（擬音語または擬声語）と，よどみなくしゃべるようす「ぺらぺら」やひどくおどろいた感じ「ぎょっ」のような，もののようすや人の気持ちを，音そのもののもつ感じによってあらわした言葉（擬態語）のふたつをあわせた言葉です。

　オノマトペを使うと，表現がとても生き生きとしたものになります。たとえば，試合のようすを書いた作文で「勝利が近づいてきたと感じた」というところを，「勝利がぐっと近づいてきたと感じた」としたらどうでしょう。「ぐっ」というオノマトペがあることで，その場にいるような臨場感が伝わります。さらに「勝利をぐっと引き寄せた感じがした」だと，あなたの実感がさらに伝わって，読む方も思わず引きこまれることでしょう。

　こんなふうに，オノマトペには，表現を生き生きとさせ，人の心を「ぐっ」とわしづかみにしてしまう魅力があります。オノマトペは，気づいてみるとわたしたちの周囲に満ち満ちています。このオノマトペについて，ときに立ち止まって，その言葉のもつくわしい意味を考えたり，ちょっと音を変えてくらべてみたり（たとえば「ぎょっ」と「げっ」では，印象はどのようにちがうでしょうか？）。似た意味のものを並べてちがいを考えたりすれば，オノマトペに対する感覚だけでなく，広く言葉に対する感覚をみがいていくことができるでしょう。

（監修：小野正弘『語感をみがこう　見て・くらべてオノマトペ！』から）

【ノート】

≪人が泣く様子を表すオノマトペ≫

	オノマトペの意味
わんわん	大きな声で，はげしく泣きさけぶ様子。
しくしく	声を出さずに，静かに弱々しく泣く様子。
さめざめ	涙を流しながら，静かに泣き続ける様子。

≪動物の鳴き声を表す日本語と英語のオノマトペ≫

	ネコ	ネズミ	ニワトリ
日本語	ニャー	チュー	コケコッコー
英語	meow（ミアウ）	squeak（スクウィーグ）	cock-a-doodle-doo（カッカドゥードゥルドゥー）

【意見文】

「豊かな言葉の使い手」

　わたしは，今，オノマトペに興味をもっています。

a　オノマトペとは，様々な音や動物の鳴き声を，人間の言葉で表した擬音語・擬声語や，ものの様子や人の気持ちを，それらしい音声でたとえて表した擬態語のことです。

　同じような意味を表すオノマトペでも，人が受ける印象はちがいます。たとえば，泣いている様子を表す「わんわん」と「しくしく」を比べると，「わんわん」は大声ではげしく泣きさけぶ印象で，「しくしく」は声を出さずに，静かに泣いている印象をもちます。様々なオノマトペを比べてみると，ちがいが発見できておもしろいです。

　また，英語にもオノマトペがあります。同じ動物の鳴き声でも，日本語と英語では表す音がちがいます。たとえば，　b　。今度は，鳴き声以外のオノマトペがあるのか調べてみたいです。

　オノマトペを使って表現することで，自分の感じたことを相手にうまく伝えることができると思います。わたしもいろいろなオノマトペを使ってみたいと思います。

（1）次の選択問題A，選択問題Bのうち，どちらか1つを選択して答えましょう。

選択問題A

　【本の一部】で説明されている擬態語を使っている文を，次のア～エから1つ選び，記号で答えましょう。

　ア　油をひいたなべに肉を入れると，「ジュッ」と音を立てた。　　イ　池のあひるが「ガーガー」と鳴きながら泳いでいた。

　ウ　となりの家の玄関のチャイムが「ピンポーン」と鳴った。　　エ　皿にもり付けたゼリーが「プルプル」とゆれていた。

選択問題B

　【ノート】のオノマトペの中から，ネズミの鳴き声を表す英語のオノマトペをアルファベットで四線上に書きましょう。

（2）オノマトペのよさについて，【本の一部】に書かれていることをもとに，「オノマトペを使うよさは，　　　です。」という書き方で，　　　に入る適切な内容を20字以上40字以内で書きましょう。

（3）かなこさんは，意見文を書いている途中に，同じ学級のけんたさんからアドバイスをもらいました。そして，かなこさんは，けんたさんのアドバイスをもとに，【意見文】の　a　の部分を書き加えました。けんたさんのアドバイスとして最も適切なものを，次のア～エから1つ選び，記号で答えましょう。

　ア　意見に共感してもらうために，オノマトペに興味をもった理由を書いた方がよいと思うな。

　イ　オノマトペを知らない人もいるから，オノマトペの説明を書いた方がよいと思うな。

　ウ　オノマトペに興味をもっている人のために，読んだ本の題名を書いた方がよいと思うな。

　エ　日本語以外のオノマトペを知ってもらうために，英語のオノマトペのことを書いたらよいと思うな。

（4）かなこさんは，【意見文】の　b　に，日本語と英語の音のちがいを示す例として，ネコの鳴き声のオノマトペを取り上げることにしました。【ノート】から読み取れることをもとに，　b　に入る適切な内容を考えて書きましょう。

（5）【本の一部】の＿＿＿＿の部分を読んだかなこさんは，いろいろなオノマトペについて，意味や印象がどのようにちがうか考えてみることにしました。そこで，人が笑う様子を表すオノマトペを調べてみると，「にやにや」，「くすくす」，「げらげら」などがあることがわかりました。あなたは，これらのオノマトペにどのようなちがいを感じますか。「にやにや」，「くすくす」，「げらげら」の中から2つを取り上げ，意味や印象のちがいについて60字以上80字以内で書きましょう。

令和２年度山口県立中等教育学校及び中学校　入学者選抜選考検査　記述式の課題２　解答用紙

受検番号	

（配点非公表）

問題　１

（１）

あ	（分）	い	（秒）

（２）①

ア		イ		ウ		エ	

②

「手品」		「英会話」		「和楽器」			「昔の遊び」	

③ とおり

（３）
（求め方）

（答え）　　　円

（４）
（理由）

問題　２

（１）①

②

イ		エ		カ	

（２）①

②

（３）①

②（強い）　，　，　，　（弱い）

令和２年度山口県立中等教育学校及(およ)び中学校　入学者選抜(せんばつ)選考検査　記述式の課題１　解答用紙

受検番号	

(配点非公表)

問題　1

（１）

（２）

（３）　10字

（４）

（５）　40字　60字

問題　2

（１）　①　あ　い　う　え

②

（２）　①

②

③

（３）　①

②

（４）　100字　200字

ひろしさんは，近くの大学で行われている「子ども科学教室」に出かけました。大学生がいろいろなコーナーを設けて，理科に関する説明や実験をしています。あとの問い（1）～（3）に答えましょう。

（1）月について学ぶコーナーでは，月の見え方について，説明や実験が行われています。あとの問い①，②に答えましょう。

① 大学生が，「月は太陽の光が当たった部分が光って見えるから，観察する時刻の太陽と月の位置関係を考えると，月の見え方が分かるね。」と説明しています。次の**あ**～**え**のうち，山口県で観察することができる月の見え方と時刻の組み合わせとして正しいものはどれですか。大学生の説明を参考にして，正しいものを全て選び，記号で答えましょう。

図1 ボールに光を当てる実験

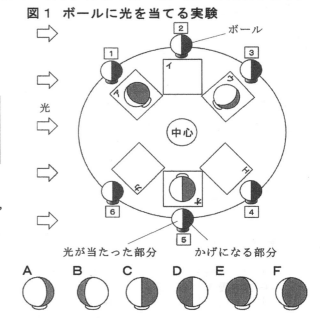

光が当たった部分　　かげになる部分

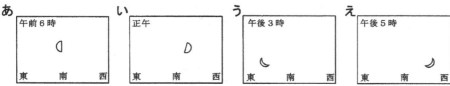

あ　午前6時　　　い　正午　　　う　午後3時　　　え　午後5時
（東　南　西）

② 図1は，暗くした部屋で月に見立てたボールに光を当て，光が当たった部分の見え方を調べる実験の様子です。**ア，ウ，オ**は，**中心**から①，③，⑤のボールを見て，光が当たった部分とかげになる部分の見え方をかいたものです。ひろしさんが**中心**から②，④，⑥のボールを見て，光が当たった部分とかげになる部分の見え方を，それぞれ**イ，エ，カ**にかいたとき，かいたものはどのようになりますか。右の**A**～**F**の中から最も適切なものをそれぞれ選び，記号で答えましょう。

A　B　C　D　E　F

（2）てこについて学ぶコーナーでは，大学生が次のような説明をしながら実験用てこを使った実験を行ったり，てこのはたらきを利用した道具について紹介したりしています。実験に使うおもりは，全て1個10gとし，実験用てこの①～⑥の位置につるすことができます。あとの問い①，②に答えましょう。

図2 実験用てこA

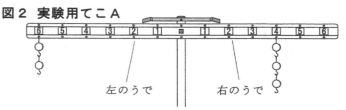

左のうで　　右のうで

図3 実験用てこB

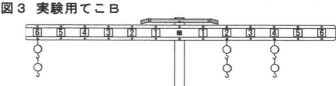

【大学生の説明】

実験用てこA（図2）の左のうでには，支点からのきょり⑥の位置におもり20gがつるされているね。だから，左のうでをかたむけるはたらきは6×20で120になるよ。右のうでをかたむけるはたらきは4×30で120だね。左のうででも右のうででも，おもりがうでをかたむけるはたらきは等しいので，てこが水平につり合っているね。
実験用てこB（図3）も，左のうでをかたむけるはたらきは120だね。右のうでには2か所におもりがつるされているから，たし算で考えるよ。2×20＋4×20で120になるから，てこが水平につり合っているね。

図4 実験用てこC

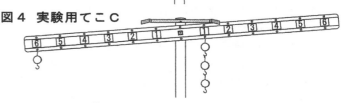

① 図4の状態から右のうでにさらにおもりをつるして実験用てこCを水平につり合わせる方法が，3とおりあります。【大学生の説明】を参考にして，右のうでに加えるおもりの位置と個数の組み合わせを全て答えましょう。

② はさみは，てこのはたらきを利用した道具です。図5，図6は，はさみで厚紙を切るときの様子です。図5のようにはさみの刃の根元で切る方が，図6のようにはさみの刃の先で切るよりも小さな力で厚紙を切ることができます。その理由を，「支点」「作用点」という言葉を使って説明しましょう。

図5 はさみの刃の根元で厚紙を切る様子

図6 はさみの刃の先で厚紙を切る様子

（3）電磁石について学ぶコーナーでは，電磁石の強さを調べる実験が行われています。実験に使う電磁石は，ストローに導線をまいて，鉄くぎを入れたものです。あとの問い①，②に答えましょう。

① ひろしさんは，表1のa～cについて，それぞれの電磁石が持ち上げることのできる鉄のクリップの個数を調べました。表1を参考にして，電磁石を強くする方法を2つ答えましょう。

表1 電磁石で鉄のクリップを持ち上げる実験

電磁石	導線のまき数	かん電池の個数とつなぎ方	鉄のクリップの個数
a	50回	1個	3個
b	50回	2個（直列）	5個
c	100回	1個	6個

図7 実験装置

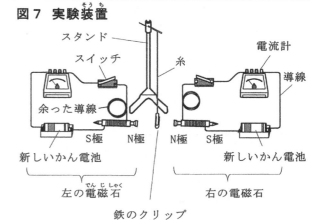

スタンド　スイッチ　糸　電流計　導線
余った導線　S極　N極　N極　S極
新しいかん電池　新しいかん電池
左の電磁石　右の電磁石
鉄のクリップ

② ひろしさんは，表2のア～エの電磁石の中から2つを選んで図7のような実験装置をつくり，鉄のクリップが左右の電磁石のどちら側に動くかを調べました。鉄のクリップは，強い電磁石の方に動きます。表3は，左右の電磁石の組み合わせを変えて調べた結果です。表1と表3の実験結果をもとに，ア～エの電磁石を強い方から順に並べましょう。

表2 実験装置で使う電磁石

電磁石	導線のまき数	かん電池の個数とつなぎ方
ア	100回	1個
イ	200回	1個
ウ	200回	2個（直列）
エ	200回	2個（並列）

表3 鉄のクリップが動いた向き

左の電磁石	右の電磁石	鉄のクリップが動いた向き
ウ	エ	左
エ	ア	左
ア	ウ	右
イ	エ	右

解答は全て解答用紙に書きましょう。

問　題　１

　みちこさんたちの住んでいる地域では，地域で行われる文化祭の企画・運営に小学生が参加しています。あとの問い（１）～（４）に答えましょう。

（１）みちこさんとかずやさんは，午前中の１時間で行うステージ発表を担当しています。２人は，**図１**と**表１**をもとにスケジュールの調整をしています。下の**【発表時間の話し合い】**の（　あ　），（　い　）に当てはまる数を答えましょう。

図１　ステージ発表のスケジュール

| ①「ダンス」 | 入れかわり | ②「合唱」 | 入れかわり | 〳〵 | 入れかわり | ⑤「和だいこ」 |

←―――――――――――――――――――――――　１時間　――――――――――――――――――――――→

表１　ステージ発表の順番と時間

順番	内容	時間
①	「ダンス」	8分
②	「合唱」	10分
③	「調べ学習発表」	10分
④	「英語暗唱」	8分
⑤	「和だいこ」	9分

【発表時間の話し合い】

かずや：発表と入れかわりの時間を全部合わせて１時間にするということだね。入れかわりの時間はどれくらいとれるかな。

みちこ：**表１**から，入れかわりに使える時間が計算できるね。入れかわりの時間は全て同じでいいのかな。

かずや：「和だいこ」は，準備に時間がかかるそうだよ。だから，「英語暗唱」と「和だいこ」の間の入れかわりの時間は５分にして，それ以外の入れかわりの時間は全て同じになるようにしよう。

みちこ：そうすると，「英語暗唱」と「和だいこ」の間以外の入れかわりの時間は（　あ　）分（　い　）秒ずつになるね。

（２）**図２**は会場図の一部です。A～Dの４つの部屋では，「手品」，「英会話」，「和楽器」，「昔の遊び」の４つの企画が行われます。あとの問い①～③に答えましょう。

①　ひろかさんは，人気のある**バザー会場**に移動する人たちのために，**図２**の**ア～エ**の掲示板に，**図３**の掲示物の**a**と**b**のうち，どちらか一方を選んではります。このとき，**図２**の**ア～エ**の掲示板にはる適切な掲示物を**a**，**b**からそれぞれ選び，記号で答えましょう。

②　ひろかさん，さとしさん，あきさん，よしおさん，やよいさんは，５人で分担して４つの企画を担当します。「和楽器」の担当は２人，それ以外の担当はそれぞれ１人です。

　「昔の遊び」の担当を希望しているひろかさんが，他の人に担当したい企画をたずねたところ，さとしさんは「昔の遊び」か「和楽器」，あきさんは「英会話」か「和楽器」，よしおさんは「昔の遊び」以外，やよいさんは「手品」と「和楽器」の２つ以外の担当を希望していることが分かりました。５人全員の希望がかなうように決めると，どの企画をだれが担当することになるか，それぞれ答えましょう。

③　よしおさんは，４つの企画をそれぞれ**図２**のA～Dのどの部屋に配置するかについて考えています。**【昨年の企画の記録】**から，今年は，「英会話」と「和楽器」が，となり合わないように配置することにしました。このとき，４つの企画の配置の仕方は全部で何とおりあるか，答えましょう。

図２　会場図の一部

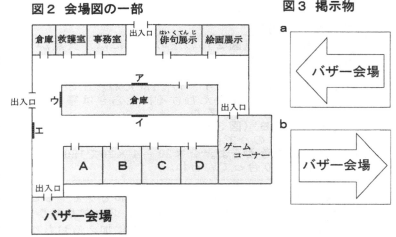

図３　掲示物

a　←　バザー会場

b　バザー会場　→

【昨年の企画の記録】

部屋：企画名	気づき
A：「手品」 B：「英会話」 C：「和楽器」 D：「昔の遊び」	「和楽器」の部屋の音が，となりの「英会話」の部屋まで聞こえたので気になった。

（３）みほさんは，**【昨年のおにぎりのはん売記録】**をもとに，今年はん売するおにぎりのねだんを考えています。これまでの話し合いで，おにぎり１個の仕入れのねだんは昨年と同じであることが分かっており，仕入れの個数を300個にすることが決まっています。

　全てのおにぎりをはん売したときの利益が，昨年の利益より20％増えるようにするためには，おにぎりを１個いくらではん売すればよいでしょうか。求め方と答えを書きましょう。

【昨年のおにぎりのはん売記録】

仕入れのねだん	１個	100円
仕入れた個数		200個
はん売のねだん	１個	150円
残ったおにぎりの個数		0個
利益		10000円

（４）ゲームコーナーを担当するかなこさんとたつやさんは，**【的当てゲームの的】**の大きさについて次のように話し合っています。

かなこ：毎年，低学年の子どもたちも参加するから，的を大きくした方がいいんじゃないかな。

たつや：そうだね。低学年の子どもたち用にもう１つ的を作ろう。

かなこ：そうしよう。的は半径20cmの円だけど，低学年の子どもたち用の的は半径を２倍にして40cmにしよう。

たつや：半径40cmの円の面積は，半径20cmの円の面積の４倍だから当たりやすくなるね。

【的当てゲームの的】

　たつやさんが言うように「半径40cmの円の面積は，半径20cmの円の面積の４倍」になります。この理由を式と言葉を使って説明しましょう。

ひろとさんの学級では，総合的な学習の時間に未来予測に関する資料を調べ，「未来年表」を作りました。この「未来年表」をもとに，あとの問い（１）～（４）に答えましょう。

未　来　年　表	
2020年（13歳）	東京オリンピック・パラリンピックが開催され，多くの**a 外国人旅行者**が日本にやってくる。
2025年（18歳）	世界の全ての地域で，高速の**b インターネット**が接続可能になる。
2030年（23歳）	人工知能（ＡＩ）が発達し，人の感情を理解する**c 介護ロボット**が実用化する。
2035年（28歳）	運転手の操作を必要としない完全自動運転車のはん売台数が世界で1200万台に達する。
2040年（33歳）	日本の人口に占める65歳以上の高齢者の割合が33％を超える。

（１）　下線部**a**について，あとの問い①，②に答えましょう。
　①　次の文章は，図1と図2をもとに学級で話し合っている会話の一部です。【　あ　】～【　え　】に当てはまる数や言葉をそれぞれ答えましょう。ただし，【　あ　】は整数で答えましょう。

> ひろと：図1と図2から，どのようなことが読み取れるか，みんなで話し合ってみようよ。
> はるか：図1の海外を訪れた日本人の数を見ると，2008年から2018年にかけて，毎年1500万人から2000万人の間で，あまり変化していないようね。
> けんじ：それに比べると，日本を訪れた外国人の数は急増しているよ。図1の2013年と2018年を比べると，約【　あ　】倍になっているね。
> まさと：本当だ。【　い　】年までは，海外を訪れた日本人の数を下回っていたのに，【　う　】年には，初めて逆転していることも分かるよ。
> さやか：図2を見ると，外国人旅行者の約86％が【　え　】から来ている人たちだから，その地域の発展とも関係があるかもしれないね。

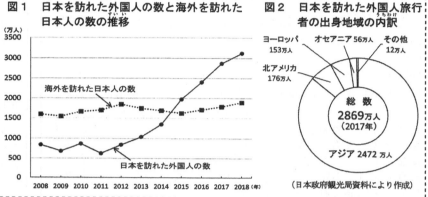
図1　日本を訪れた外国人の数と海外を訪れた日本人の数の推移
海外を訪れた日本人の数
日本を訪れた外国人の数

図2　日本を訪れた外国人旅行者の出身地域の内訳
ヨーロッパ 153万人　オセアニア 56万人　その他 12万人
北アメリカ 176万人
総数 2869万人（2017年）
アジア 2472万人
（日本政府観光局資料により作成）

　②　外国人旅行者が増えて観光地がにぎわう一方で，習慣や言語のちがいから，外国人旅行者が旅行先で買い物や移動，宿泊などをするときに，とまどったり，困ったりすることがあるそうです。案内表示を外国人旅行者に分かりやすいものにするには，どのような工夫をするとよいか書きましょう。

（２）　下線部**b**について，はるかさんは，図3のように2008年と2017年のインターネット利用者の割合が年齢層によって異なることに注目しました。あとの問い①～③に答えましょう。
　①　図3から読み取ることのできる内容として正しいものを，次の**ア**～**エ**の中から１つ選び，記号で答えましょう。
　　ア　2008年と2017年の年齢層ごとの割合を比べると，「20～29歳」の利用者の割合は減っている。
　　イ　2008年と2017年の年齢層ごとの割合を比べると，利用者の割合が最も増えているのは「60～69歳」である。
　　ウ　2008年の年齢層ごとの割合を見ると，「80歳以上」の利用者の割合が20％を超えている。
　　エ　2008年の年齢層ごとの割合を見ると，「40～49歳」の利用者の割合が最も高い。
　②　2017年の日本の「70～79歳」の人口は，約1449万人です。図3をもとに，2017年の「70～79歳」について，インターネットの利用者数を求める式を書きましょう。（計算の答えを書く必要はありません。）
　③　はるかさんは，インターネットの特徴について他のメディア（テレビや新聞など）と比べるため，下の表にまとめました。私たちが情報を得るときに，インターネットにはどのような特徴がありますか。表の**A**に当てはまるように，テレビや新聞のおもな特徴の書き方にならって書きましょう。

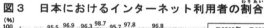
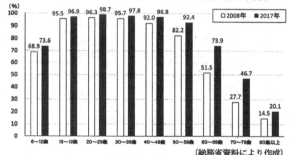
図3　日本におけるインターネット利用者の割合
□2008年　■2017年
（総務省資料により作成）

メディア	おもな特徴
テレビ	映像や音声で簡単に情報を得られるが，放送を見のがすと情報を得られない。
新　聞	整理されたくわしい情報を得られるが，他のメディアに比べると情報がやや遅い。
インターネット	Ａ

（３）　下線部**c**について，けんじさんは，高齢化が進む日本で，介護ロボットが実用化に向けて開発されていることを調べました。次の【記事の一部】を読んで，あとの問い①，②に答えましょう。

【記事の一部】

> 介護ロボットは，ロボット技術を活用して，高齢者の自立を支援したり，介護する人の負担を軽くすることに役立ったりするものです。例えば，右の写真のように，ベッドや車いすから人をだき上げて移動させる作業を行うロボットなどが開発されています。高齢者の数が増え，介護する人の負担が増える中，介護ロボットがその問題を解決できるのではないかと注目されています。
> しかし，介護ロボットの開発は進んでいるものの，まだあまり利用されていません。ロボットの価格が高いことや安全性を心配する声があることなどが理由として考えられます。

（理化学研究所ウェブサイトから）

　①　【記事の一部】に書かれている内容として適切なものを，次の**ア**～**エ**の中から１つ選び，記号で答えましょう。
　　ア　介護ロボットが利用されることで，これまで以上に高齢化が進むと考えられていること。
　　イ　介護ロボットが利用されることで，介護に必要な費用が減ると予想されていること。
　　ウ　介護ロボットが利用されることで，介護する人の負担を軽くすることが期待されていること。
　　エ　介護ロボットが利用されることで，自宅での介護から介護施設での介護に変えていくことが決められたこと。
　②　【記事の一部】の下線部について，介護ロボットが広く利用されるようになるためには，どのようなことが必要ですか。【記事の一部】から読み取ったことをもとに説明しましょう。

（４）　「未来年表」からは，あなたが大人になった頃の社会の様子を想像できます。これからの時代を生きる大人として，あなたはどのような力を身に付けていきたいと思いますか。理由もふくめて200字程度で書きましょう。

```
注　意
○　1行目の1マス目から書き始めてください。段落を設けずに続けて書きましょう。
○　書き終えたあと，付け加えたり，けずったりしてもかまいません。そのときは全部消して書き直す必要はありません。
　　次の例のように直しましょう。
```

（例）

解答は全て解答用紙に書きましょう。

問題　１

　新聞係のともこさんは，学級のみんなに知ってほしいことを記事にして学級新聞を作成しています。ともこさんは，総合的な学習の時間に環境問題について調べる中で，プラスチックごみの問題に関心をもち，プラスチックごみについて記事にすることにしました。次の【ともこさんが調べた記事の一部】，【担任の先生のお話】，【ＡＬＴのお話】，ともこさんが書いた【学級新聞の一部】を読んで，あとの問い（1）～（5）に答えましょう。　　　　　　　　　　　　　　　　　　　　　　　　　　※ＡＬＴ … 外国語の授業を補助する先生

【ともこさんが調べた記事の一部】

ミズウオで知るプラごみ汚染

　海をよごす「プラスチックごみ」の問題にいま，注目が集まっています。静岡県では，深海魚の胃の中にプラスチックごみが入っている割合が，昔に比べて増えていることが調査でわかりました。（中略）

　静岡市の海岸には，ミズウオという名前の深海魚が，生きたまま打ち上がります。（中略）岸に上がったミズウオを解剖すると，おなかの中からプラスチックごみが出てくることがあります。

　ミズウオは，貪欲な魚です。目の前に現れたものは，なんでもえさだと思って丸のみにする習性があります。本来のえさは魚やイカなどですが，海の中をただようプラスチックごみも，食べてしまうのです。中には，スーパーのレジ袋がつまって，おなかがパンパンにふくれたものもいます。

　ミズウオの胃は細長い袋のような形をしています。プラスチックごみは食べても消化されず，胃のおくにたまりやすいのです。ごみが長い期間たまったままだと，胃のおくに潰瘍ができることもめずらしくありません。

　東海大学海洋学部博物館の学芸員，伊藤芳英さん（55歳）によると，ミズウオを解剖し，おなかからプラスチックごみなどの人工物が出てくる割合は，1964～83年には平均で62%でした。　Ａ　，2001～19年（6月末現在）のデータを集計したところ，72%に増えていることが確認されました。

　深海からの使者であるミズウオは，海岸だけでなく，海の中にもたくさんのプラスチックごみがあることを，私たちに伝えてくれます。

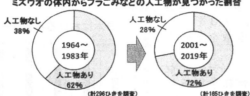

ミズウオの体内からプラごみなどの人工物が見つかった割合

人工物なし 38%
1964～1983年
人工物あり 62%
（計296ひきを調査）

人工物なし 28%
2001～2019年
人工物あり 72%
（計165ひきを調査）

（東海大学海洋学部博物館による。2019年は6月末現在）

（『朝日小学生新聞2019年8月29日』の記事から）

※ミズウオ…体長約1.3mの深海魚
※貪欲…非常に欲が深いこと
※潰瘍…皮ふやねんまくがただれてくずれる病気

【担任の先生のお話】

　プラスチックごみを減らすために様々な取組が行われています。たとえば，環境問題に関心の高い高校生が，プラスチックの代わりに植物のくきで作ったストローを考案しました。このストローは，くり返し使えるため，環境に優しいストローとして，お店でも使用されることになりました。環境を考えたいぎある取組だと思います。

【ＡＬＴのお話】

　旅行先のインドネシアで買い物をしたとき，レジ袋がなくておどろきました。理由をよく聞いてみると，十代前半のムラティさんとイザベルさん姉妹が「島の美しい自然を守るためにレジ袋をやめよう」と行動した結果であることが分かりました。レジ袋の使用をやめることを市長に約束してもらうために請願したり，海岸の清掃活動を行ったりしたそうです。　※請願 … 役所などに願いごとを申し出ること

【学級新聞の一部】

みんなに知ってほしいことコーナー

1　　Ｂ　　海の中のプラスチックごみ

　みなさんは，海の生き物たちがえさとまちがってレジ袋などのプラスチックごみを食べてしまうことがあるのを知っていますか。調査の結果によって，昔に比べて，ミズウオという深海魚の体内からプラスチックごみが見つかる割合が増えていることが分かりました。これは，海の中にプラスチックごみが増えていることを示しています。

2　　　　　　　　　　①

3　私たちにもできることがある

　プラスチックごみを減らすための様々な取組が始まっています。その中には，　　　　Ｃ　　　　など，若い人による取組もあります。大人だけでなく，私たちにもできることがあるはずです。できることを考えていきましょう。

（1）【ともこさんが調べた記事の一部】の　Ａ　に当てはまる言葉を，次のア～エから１つ選び，記号で答えましょう。

　　ア　このように　　　　　　イ　しかし　　　　　　ウ　やはり　　　　　　エ　なぜなら

（2）ともこさんは，【担任の先生のお話】の「いぎ」という言葉の意味が分からなかったので，国語辞典で調べてみたところ，次のような意味が書かれていました。【担任の先生のお話】の「いぎ」の意味として適切なものを，次のア～エから１つ選び，記号で答えましょう。

　　ア　きびしく堂々としたふるまい　　　　　　　イ　ことなった意味
　　ウ　ある意見に対する反対の意見　　　　　　　エ　その事がらにふさわしい価値

（3）ともこさんは，【学級新聞の一部】の最初の記事に「　Ｂ　海の中のプラスチックごみ」という見出しを付けました。ともこさんが書いた記事の内容に合うように，　Ｂ　に入る適切な言葉を，【ともこさんが調べた記事の一部】から10文字でぬき出して書きましょう。

（4）ともこさんは，記事を書く中で，山口県の海岸のごみの割合を調べ，調べた内容を右の記事にまとめ，【学級新聞の一部】の　①　の部分に書き加えることにしました。

　　右の円グラフから読み取れることをもとに，　Ｄ　に入る適切な内容を考えて書きましょう。

山口県の海岸のプラスチックごみ

　静岡県では，調査の結果によって，海岸だけでなく，海の中にもたくさんのプラスチックごみがあることが分かりました。山口県のプラスチックごみはどうなのでしょう。山口県の海岸のごみの種類別割合を調べてみると，　Ｄ　。

山口県の海岸のごみの種類別割合
（平成22年～平成26年に調べたごみの合計47248個の内訳）

その他 3%
木 7%
プラスチック 90%

（環境省資料により作成）

（5）ともこさんは，【学級新聞の一部】に，「私たちにもできることがある」という見出しに合う記事を書くことにしました。　Ｃ　に入る適切な内容を，【担任の先生のお話】と【ＡＬＴのお話】の中の言葉を使って，40字以上60字以内で書きましょう。